बात विरासत की

मोनिका हालन की अन्य किताबें

बात पैसे की

बात म्युचुअल फंड की

बात विरासत की

आपके अपनों के लिए
एक अमूल्य वित्तीय डायरी

मोनिका हालन

अनुवाद

धीरज अग्रवाल

हार्पर
हिन्दी

प्रथम प्रकाशन 2024
हार्पर हिन्दी
(हार्परकॉलिंस *पब्लिशर्स* इंडिया) द्वारा प्रकाशित
बिल्डिंग नं. 10, टावर A, 4th फ्लोर,
डीएलएफ साइबर सिटी, फेज II, गुरुग्राम 122002, भारत
www.harpercollins.co.in

P-ISBN: 978-93-6569-720-9
E-ISBN: 978-93-6569-976-0

टाइपसिटंग : हार्परकॉलिंस *पब्लिशर्स* इंडिया
मुद्रक: रेप्लिका प्रेस प्रा. लि, भारत

उन परिवारों को समर्पित जिनका पैसा सरकार के पास
बिना दावे के पड़ा है – उन्हें बस एक नोटबुक की ज़रूरत थी
जिसमें सारा ब्यौरा हो।

विषय-वस्तु

भूमिका

मैंने मरने का प्लान नहीं बनाया था।

अभी तक तो नहीं।

दरअसल, अब जब मैं पीछे मुड़कर देखता हूं, तो मैंने मरने की प्लानिंग बिल्कुल भी नहीं की थी। यह जानते हुए भी कि हम सबकी एक दिन मौत होगी, मैं सोचा करता था कि वो एक दिन कभी नहीं आएगा। यहां तक कि जब मैंने कुछ साल पहले अपने 78 साल के पिता की चिता को अग्नि दी, तब भी मैंने अपनी मौत के बारे में नहीं सोचा। जब मेरे दोस्त को अचानक स्ट्रोक आया और वो 45 साल की उम्र में गुज़र गया, तो मैंने कुछ दिनों तक मौत की चिंता की और फिर ज़िंदगी की भागदौड़ में डूब गया – बिल, ऑफ़िस पॉलिटिक्स, नीचे रहने वाले मिस्टर अवस्थी से लड़ाई जो अपने गमलों से रास्ते को ब्लॉक कर देते हैं, छुट्टियां, स्टडी में बचा हुआ वुडवर्क और ना जाने कितनी लाख चीज़ें जिन पर मुझे ध्यान देना था।

लेकिन एक दिन अचानक – मेरी मौत हो गई।

किसने सोचा होगा कि गलत तरीके से खाई गई मूंगफली 48 साल की उम्र में मेरी ज़िंदगी खत्म कर सकती है – 48 साल! इस उम्र में कौन मरता है! और यहां मैं – मर चुका हूं! मैं मर ही चुका हूं – क्योंकि मैं देख रहा

हूं कि मेरा शरीर पूरी तरह से सफ़ेद कपड़ों में, फूलों और दूसरी चीज़ों के साथ पड़ा है, जैसा कि आप फ़िल्मों में देखते हैं, और मैं अपनी पत्नी और बच्चों को बेकाबू होकर रोते हुए देख रहा हूं – मैं उनसे बात करना चाहता हूं और उन्हें बताना चाहता हूं कि मैं ठीक हूं – लेकिन, मैं मर चुका हूं, और मुझे एहसास होता है कि मैं ऐसा नहीं कर सकता।

अब बहुत देर हो चुकी है।

और फिर मुझे एहसास हुआ – मैं उनसे बिल्कुल भी कम्युनिकेट नहीं कर सकता। न कॉल पर। न मैसेज पर। न ही कान में फुसफुसाकर।

एक हफ़्ते बाद, मैं देखता हूं कि वो पैसों के मामलों में उस गड़बड़ी से जूझ रहे हैं, जो मैं छोड़कर गया हूं। मैंने कभी भी अपनी पत्नी या बच्चों को पैसों से जुड़े किसी फ़ैसले या पेपरवर्क में शामिल नहीं किया – यह एक मर्द का काम है, है न? और यहां मेरी पत्नी मेरी डेस्क में कुछ खोजबीन कर रही है, मेरे फ़ोन से कुछ नंबर निकालने की कोशिश कर रही है, मेरे लैपटॉप के साथ जूझ रही है और हमारी वित्तीय ज़िंदगी को पटरी पर लाने की कोशिश कर रही है।

काश मैं उन्हें बता पाता कि इंश्योरेंस पॉलिसी कहां है। एजेंट का नाम और नंबर कहां है। मैंने जो प्रॉपर्टीज़ खरीदी थीं, उनके कागज़ात कहां हैं। मैंने जो लोन्स लिए थे, मेरे पास जो स्टॉक्स और फंड थे। काश मैंने सारी जानकारी कहीं रिकॉर्ड कर ली होती ताकि कम से कम मेरे बगैर ज़िंदगी की रोज़ाना की ज़रूरतें तो पूरी हो पातीं।

'अरे', मेरी पत्नी ने चिल्लाते हुए कहा। 'उठो! तुम नींद में क्यों कराह रहे हो? क्या हो रहा है? क्या तुमने कल रात बहुत ज़्यादा पी ली थी?'

हह? मैं अचानक राहत की सांस लेकर जाग गया। कल शाम को मूंगफली के मेरी सांस की नली में फंस जाने की वजह से हुई घबराहट

ही इस बुरे सपने को लेकर आई होगी। सुबह बहुत अच्छी लग रही है। मेरी पत्नी और बच्चों की हमेशा की तरह शोरगुल वाली बहस संगीत लग रही है। मुझे मिस्टर अवस्थी को बताना चाहिए कि मुझे वास्तव में उनकी हरियाली बहुत पसंद हैं।

और इससे पहले कि ये हफ्ता खत्म हो, मैं बैठकर *बात विरासत की* वर्कबुक भरने में लगा हूं। यह एक तरीका है – एक बेहद अहम तरीका – जिससे मैं अपने परिवार के लिए अपना प्यार जताता हूं। मौत से कोई बच नहीं सकता, और मार्केट के उतार-चढ़ाव की तरह, आप इसका पूर्वानुमान नहीं लगा सकते। अच्छा ये होगा कि मैं अपने परिवार को अपनी यादों के साथ छोड़कर जाऊं, न कि उन एसेट और पैसों की तलाश में उलझाकर, जो मैंने कहीं रिकॉर्ड नहीं किए।

बस इतना ही कहना है: प्यार का मतलब है वित्तीय रिकॉर्ड रखना, मेंटेन करना और शेयर करना। मैं यह किताब भर रहा हूं।

बेहतर होगा कि हम लंबे समय तक ज़िंदा रहें, लेकिन अगर ऐसा नहीं हुआ तो यह किताब मेरे परिवार को सही-सलामत रखेगी।

प्रस्तावना

एक बार एक दोस्त ने मुझे कहानी सुनाई कि कैसे उसने अपनी सभी वित्तीय जानकारियों को एक जगह पर लिखना शुरू किया और अपनी बीवी को उन्हें समझने के लिए कहा: वो एक फ्लाइट में था। हवा की तेज लहरों ने एयरक्राफ्ट के साथ-साथ उसके इस विश्वास को भी हिला दिया कि वो अमर था। उसने अपना फ़ोन निकाला और अपनी बीवी को वे सभी डिटेल्स टाइप करने शुरू कर दिए, जिनकी ज़रूरत उसकी बीवी को तब पड़ सकती थी अगर एयरक्राफ्ट किसी हादसे का शिकार हो जाता। जिन लोगों के बारे में आप अपने आखिरी लम्हों में सोचते हैं, ये वे लोग हैं जिनका बचाव आपको तब करना चाहिए जब आप अपने आखिरी लम्हों में नहीं होते।

बात पैसे की के चैप्टर 5 में, मैंने आपसे इस मानसिक प्रयोग के लिए कहा था। अपनी आंखें बंद करें और कल्पना करें कि आप गुज़र गए हैं। और फिर अपनी फाइनेंशियल लाइफ को समेटने की कोशिश में परिवार की परेशानी को देखें। आप उन्हें दूसरी तरफ से संदेश नहीं दे सकते या उनके कान में पासवर्ड फुसफुसा नहीं सकते, जब वे आपके मोबाइल और ईमेल को खोलने की कोशिश करते हैं ताकि पैसे से जुड़े ज़रूरी डिटेल्स उन्हें मिल सकें।

खासतौर पर कोविड के बाद, असमय मौत का खतरा हम सभी पर मंडराने लगा है। मेरी सलाह है कि आप इस *बात विरासत की* वर्कबुक को भरें ताकि आपके परिवार का नियंत्रण आपके घर के पैसों के हिसाब-किताब पर रहे। नाम से ही सब कुछ साफ़ है। इसमें आपके पीछे छूट गए लोगों के लिए सभी ज़रूरी जानकारी है। भावनात्मक रूप से लगने वाली चोट का हिसाब तो नहीं लगाया जा सकता, लेकिन वित्तीय मदद से मौत जैसी आपदा का असर और गंभीर होने से रोका जा सकता है।

जब आप ये एक्सरसाइज़ करेंगे, तो आपको एहसास होगा कि सभी अहम फाइनेंशियल डिटेल्स को एक जगह रखना और उन्हें अपने जीवनसाथी के साथ साझा करना कितने काम का है। ज़्यादा उम्र वाले लोग इसका इस्तेमाल अपने वारिसों को जायदाद और बंटवारे के तरीके के बारे में जानकारी देने के लिए कर सकते हैं।

हालांकि इस डॉक्यूमेंट का नाम और एक्सरसाइज़ सुनने में डरावना लग सकता है, लेकिन यह प्यार और देखभाल के सबसे गहरे जज़्बात से जुड़ा है। मुझे उम्मीद है कि आप इसे समझेंगे और इस दुनिया से जाने के बाद भी अपने करीबी लोगों की देखभाल करते रहेंगे।

इस किताब का इस्तेमाल कैसे करें

परिवार के लिए जायदाद बनाने और उसके रख-रखाव का काम आमतौर पर मर्दों का माना जाता है, और जब मैंने इसका जिम्मा संभाला, तो पाया कि मैं रिकॉर्ड-कीपिंग के काम में भी जुट गई हूं। मुझे लगता है कि परिवार की भलाई के लिए ध्यान से प्लानिंग करना और सोचना महिलाओं का काम है। मैं उन महिलाओं को भी प्रोत्साहित करूंगी, जो भले आज जायदाद बनाने में भागीदार नहीं हैं, कि वे इस किताब को भरने का काम अपने

हाथ में लें। इससे न केवल आप एसेट लिस्ट से परिचित हो जाएंगी, बल्कि आपको यह भी पता चल जाएगा कि आपके नाम पर क्या है।

एसेट-क्रिएशन के साथ-साथ मेरे मन में *क्या होगा* वाले विचार भी आए।

क्या होगा अगर मैं आसपास न रहूं? और, इस तरह रिकॉर्ड-कीपिंग शुरू हुई।

मुझे आपको यह ज़रूर बताना चाहिए कि कई सालों से, मैंने एक स्पाइरल डायरी रखी है जिसका इस्तेमाल मैं इन सभी डिटेल्स को रिकॉर्ड करने के लिए करती हूं। इसकी शुरुआत सिर्फ़ कुछ बैंक डिटेल्स को रिकॉर्ड करने से हुई। लेकिन मैंने पाया कि मैं हर साल नए पन्ने जोड़ती जा रही हूं और ज़्यादा से ज़्यादा जानकारी डाल रही हूं।

मैं आपको बता नहीं सकती कि मैंने ना जाने कितनी बार रूटीन पेपरवर्क के लिए, भूले हुए पासवर्ड को वापस पाने के लिए या बैंक लॉग इन आईडी और पासवर्ड के लिए इस डायरी की मदद ली है।

कई सालों तक ऐसा करने के बाद मैं कुछ एंट्रीज़ के लिए पेंसिल का इस्तेमाल करने की फ़ैन बन गई हूं। और, मेरी तो सलाह है कि जब आप इस किताब का इस्तेमाल करना शुरू करें तो पेन के बजाय पेंसिल का उपयोग करें। आधार जैसे कुछ नंबर फिक्स्ड होते हैं, इसलिए एक बार जब आप पूरी तरह निश्चिंत हो जाएं कि डिटेल्स सटीक हैं, तो आप पेन का इस्तेमाल कर सकते हैं।

लेकिन पासवर्ड जैसे दूसरे डिटेल्स होते हैं जो निश्चित रूप से समय-समय पर बदलते रहेंगे। इन्हें रिकॉर्ड करने के लिए पेंसिल का इस्तेमाल करें ताकि आप नए पासवर्ड उस जगह पर लिख सकें।

मुझे पता है कि आपको अपने पासवर्ड लिखने की सलाह नहीं दी जाती है, लेकिन हमारे ऑनलाइन ट्रांजेक्शन्स की तादाद को देखें तो हम कम से कम बीस से पच्चीस यूज़रनेम्स और पासवर्ड का इस्तेमाल करते हैं, और

उनमें से हरेक को याद रखना नामुमकिन है। इसके अलावा, कुछ लोग अपना खुद का पासवर्ड बनाने के बजाय पासवर्ड-जनरेटर का इस्तेमाल करते हैं। इस मामले में, सलाह की थियरी पर अमल करना मुश्किल लगता है। पासवर्ड यहां लिख लें और फिर इस किताब को किसी जगह पर ताले में बंद करके रख दें।

आपको डिटेल्स अपडेट करने के तुरंत बाद इस किताब को खोलने और इसमें बदलाव दर्ज करने की आदत डालनी होगी।

आप अपनी ज़रूरत के मुताबिक पन्नों को मोडिफाई कर सकते हैं और अपनी खास परिस्थिति के अनुसार डायरी को कस्टमाइज़ करने के लिए ज़रूरी जानकारी जोड़ सकते हैं।

और अंत में, अपने जीवनसाथी या परिवार के करीबी सदस्यों को इस किताब और इसके स्थान के बारे में बताना न भूलें। कहने की ज़रूरत नहीं है कि इसे हर वक्त सुरक्षित रखें क्योंकि इसमें आपकी फाइनेंशियल लाइफ़ की आत्मा है।

कुछ लोग इन डिटेल्स का डिजिटल रिकॉर्ड बनाना पसंद करते हैं, लेकिन मुझे इसमें दो दिक्कतें दिखती हैं। पहली, डेटा हैक हो सकता है और आपका सारा गुप्त डेटा डार्क वेब पर जाने का खतरा हो सकता है। दूसरा, अगर कोई एक पासवर्ड खो जाता है या उसे बताया नहीं जाता है, तो हो सकता है कि डिटेल्स का पूरा भंडार आपके परिवार के लिए गुम हो जाए।

एक किताब की अपनी सुरक्षा संबंधी दिक्कतें होती हैं, लेकिन आप इसे लॉक करके रख सकते हैं और अपने जीवनसाथी या परिवार को किताब की जगह और इस तक पहुंचने के तरीके के बारे में बता सकते हैं।

अपने और अपने परिवार के मंगल भविष्य हेतु उठाए गए इस महत्वपूर्ण कदम के लिए मेरी ढेरों शुभकामनाएं।

1

बुनियादी दस्तावेज़

आपको कितनी बार किसी कागज़ी कार्रवाई के लिए या बैंकों में बार-बार होने वाले 'नो-योर-कस्टमर प्रोसेस' के अगले राउंड के लिए ज़रूरी दस्तावेज़ों को खोजने के लिए जूझना पड़ता है? किसी सरकारी एजेंसी से संपर्क करने पर दस्तावेज़ों की ज़रूरत और तेज़ी से बढ़ जाती है। मुझे लगता है कि परिवार के लिए ज़रूरी सभी दस्तावेज़ों के डिटेल्स एक ही जगह पर रखना बेहद काम का है। खासकर, जो शख्स सभी कागज़ी कार्रवाई करता है, उसके लिए सही दस्तावेज़ों, नंबरों और डिटेल्स तक आसान पहुंच उसका वक्त बचाती है और उसकी कार्यकुशलता बढ़ाती है। वैसे तो इन सभी डिटेल्स का इस्तेमाल नियमित तौर पर करना पड़ता है, इन्हें लिखने का मकसद आपकी गैर-मौजूदगी में परिवार की मदद करना है।

मैं आपको नीचे दिए गए फॉर्मेट का इस्तेमाल करने के लिए कहूंगी, लेकिन आप उन डिटेल्स को जोड़ सकते हैं जो आपको लगता है कि ज़रूरी हैं। आपके लिए अपनी विशेष स्थिति से संबंधित कोई भी दस्तावेज़ जोड़ने के लिए पर्याप्त खाली जगह भी छोड़ी गई है। क्लब मेंबरशिप या कोई और

दस्तावेज़ हो सकता है जो आपके लिए प्रासंगिक है और यहां नहीं दिया गया है। आपके लिए परिवार के सदस्यों को जोड़ने के लिए काफ़ी जगह हैं।

याद रखें कि कुछ डिटेल्स ऐसे हैं जो स्थायी हैं, जैसे आधार नंबर, और कुछ डिटेल्स ऐसे हैं जो बदल सकते हैं, जैसे, फाइनेंशियल प्लानर या वकील का नाम। इसे ध्यान में रखते हुए वर्कबुक भरें – यह भविष्य में आपकी मदद करेगा।

कुछ संस्थान आपसे हर तीन महीने में अपना पासवर्ड बदलने के लिए कहते हैं और बाकी आपको एक ही पासवर्ड का इस्तेमाल करते रहने की छूट देते हैं। जो भी हो, समय-समय पर पासवर्ड बदलना एक अच्छा सेफ्टी प्रोटोकॉल है। पासवर्ड को यहां पेंसिल से लिखें।

दस्तावेज़ों के लोकेशन को भरना महत्वपूर्ण है क्योंकि परिवार को आपकी फाइलिंग सिस्टम के बारे में पता नहीं हो सकता है या आपके इस्तेमाल में आ रहे लॉकर तक उनकी पहुंच नहीं हो सकती है। इस बारे में अच्छी तरह से सोचें। एक बार एक दोस्त की बीवी ने उस कागज़ को लगभग फेंक दिया था जिसमें उसका पासवर्ड था, यह सोचकर कि यह एक स्क्रैप है! उसे नहीं पता था कि वो अपने सभी दस्तावेज़ों को एक वर्ड फ़ाइल में रखता है और उसे पासवर्ड से सुरक्षित रखता है। वह पासवर्ड उसके ऑफ़िस के लॉकर में रखा हुआ है। और बीवी ने उस पासवर्ड को लगभग फेंक दिया था!

इस वर्कबुक में, आपको बेनेफिट कार्ड्स के लिए एक पन्ना दिखेगा। यह उन लोगों के लिए है जिनके पास CGHS जैसी स्पेशल सर्विसेज़ हैं, या डिफेंस सर्विसेज़ बेनेफिट कार्ड है।

जब आपने बालिग होने और अपनी ज़िंदगी अपने ढंग से जीने के बारे में सोचा था, तो कौन जानता था कि बचपन के पन्ने पलटते ही कागज़ी कार्यवाही का पहाड़ सामने मिलेगा।

आधार

नाम	नंबर
आधार कार्ड्स की लोकेशन	

पैन

नाम	नंबर
पैन कार्ड्स की लोकेशन	

पासपोर्ट 1

नाम	
नंबर	
इश्यू होने की तारीख	
एक्सपायरी की तारीख	
इश्यू करने की जगह	
पासपोर्ट की लोकेशन	

पासपोर्ट 2

नाम	
नंबर	
इश्यू होने की तारीख	
एक्सपायरी की तारीख	
इश्यू करने की जगह	
पासपोर्ट की लोकेशन	

पासपोर्ट 3

नाम	
नंबर	
इश्यू होने की तारीख	
एक्सपायरी की तारीख	
इश्यू करने की जगह	
पासपोर्ट की लोकेशन	

पासपोर्ट 4

नाम	
नंबर	
इश्यू होने की तारीख	
एक्सपायरी की तारीख	
इश्यू करने की जगह	
पासपोर्ट की लोकेशन	

जन्म प्रमाणपत्र

नाम	सर्टिफिकेट की लोकेशन

विवाह प्रमाणपत्र

नाम	सर्टिफिकेट की लोकेशन

ड्राइविंग लाइसेंस 1

नाम	
नंबर	
इश्यू होने की तारीख	
एक्सपायरी की तारीख	
लाइसेंस की लोकेशन	

ड्राइविंग लाइसेंस 2

नाम	
नंबर	
इश्यू होने की तारीख	
एक्सपायरी की तारीख	
लाइसेंस की लोकेशन	

वोटर कार्ड

नाम	नंबर
वोटर कार्ड्स की लोकेशन	

प्रोफेशनल आइडेंटिटी कार्ड

(जैसे, एम्प्लॉई कोड या प्रोफेशनल रजिस्ट्रेशन नंबर)

विवरण	
नंबर	
डिटेल्स	
लोकेशन	

फाइनेंशियल एडवाइजर

नाम	
डिटेल्स	
ईमेल	
फ़ोन	
पता	

वकील

नाम	
डिटेल्स	
ईमेल	
फ़ोन	
पता	

चार्टर्ड अकाउंटेंट

नाम	
डिटेल्स	
ईमेल	
फ़ोन	
पता	

इंश्योरेंस एजेंट

नाम	
डिटेल्स	
ईमेल	
फ़ोन	
पता	

स्टॉक ब्रोकर

नाम	
डिटेल्स	
ईमेल	
फ़ोन	
पता	

म्युचुअल फंड डिस्ट्रीब्यूटर

नाम	
डिटेल्स	
ईमेल	
फ़ोन	
पता	

डॉक्टर 1

नाम	
स्पेशियलिटी	
ईमेल	
फ़ोन	
पता	

डॉक्टर 2

नाम	
स्पेशियलिटी	
ईमेल	
फ़ोन	
पता	

डॉक्टर 3

नाम	
स्पेशियलिटी	
ईमेल	
फ़ोन	
पता	

डॉक्टर 4

नाम	
स्पेशियलिटी	
ईमेल	
फ़ोन	
पता	

इलेक्ट्रिसिटी

सर्विस प्रोवाइडर	
हेल्पलाइन नंबर	
मीटर नंबर	
कस्टमर आईडी	
लॉगइन डिटेल्स	

पानी

सर्विस प्रोवाइडर	
हेल्पलाइन नंबर	
मीटर नंबर	
कस्टमर आईडी	
लॉगइन डिटेल्स	

गैस

सर्विस प्रोवाइडर	
हेल्पलाइन नंबर	
मीटर नंबर	
कस्टमर आईडी	
लॉगइन डिटेल्स	

टेलीकॉम प्रोवाइडर

सर्विस प्रोवाइडर	
हेल्पलाइन नंबर	
कस्टमर आईडी	
वाई-फाई नेम	
वाई-फाई पासवर्ड	

ओटीटी प्लेटफॉर्म 1

प्लेटफॉर्म का नाम	
यूजर नेम	
पासवर्ड	
सब्सक्रिप्शन शुरू करने की तारीख	
रिन्युअल की तारीख	

ओटीटी प्लेटफॉर्म 2

प्लेटफॉर्म का नाम	
यूजर नेम	
पासवर्ड	
सब्सक्रिप्शन शुरू करने की तारीख	
रिन्युअल की तारीख	

ओटीटी प्लेटफॉर्म 3

प्लेटफॉर्म का नाम	
यूजर नेम	
पासवर्ड	
सब्सक्रिप्शन शुरू करने की तारीख	
रिन्युअल की तारीख	

ओटीटी प्लेटफॉर्म 4

प्लेटफॉर्म का नाम	
यूजर नेम	
पासवर्ड	
सब्सक्रिप्शन शुरू करने की तारीख	
रिन्युअल की तारीख	

ईमेल और सोशल मीडिया

ईमेल	
पासवर्ड	
ईमेल	
पासवर्ड	
ईमेल	
पासवर्ड	
X	
यूजरनेम	
पासवर्ड	
इंस्टाग्राम	
यूजरनेम	
पासवर्ड	

<table>
<tr><th colspan="2">लिंक्डइन</th></tr>
<tr><td>यूजरनेम</td><td></td></tr>
<tr><td>पासवर्ड</td><td></td></tr>
<tr><th colspan="2">फेसबुक</th></tr>
<tr><td>यूजरनेम</td><td></td></tr>
<tr><td>पासवर्ड</td><td></td></tr>
<tr><th colspan="2">अन्य</th></tr>
<tr><td>यूजरनेम</td><td></td></tr>
<tr><td>पासवर्ड</td><td></td></tr>
<tr><td>यूजरनेम</td><td></td></tr>
<tr><td>पासवर्ड</td><td></td></tr>
<tr><td>यूजरनेम</td><td></td></tr>
<tr><td>पासवर्ड</td><td></td></tr>
</table>

बेनेफिट कार्ड 1

इश्यू करने वाली अथॉरिटी	
कार्ड नंबर	
इश्यू होने की तारीख	
एक्सपायरी की तारीख	
कार्ड की लोकेशन	

बेनेफिट कार्ड 2

इश्यू करने वाली अथॉरिटी	
कार्ड नंबर	
इश्यू होने की तारीख	
एक्सपायरी की तारीख	
कार्ड की लोकेशन	

क्लब मेंबरशिप 1

इश्यू करने वाली एजेंसी	
कार्ड नंबर	
इश्यू होने की तारीख	
एक्सपायरी की तारीख	
कार्ड की लोकेशन	

क्लब मेंबरशिप 2

इश्यू करने वाली एजेंसी	
कार्ड नंबर	
इश्यू होने की तारीख	
एक्सपायरी की तारीख	
कार्ड की लोकेशन	

वसीयत 1

नाम	
वसीयत की तारीख	
वसीयत की लोकेशन	
वसीयत प्रबंधक का नाम	
वसीयत प्रबंधक के कॉन्टैक्ट डिटेल्स	
पहले गवाह का नाम	
पहले गवाह के कॉन्टैक्ट डिटेल्स	
दूसरे गवाह का नाम	
दूसरे गवाह के कॉन्टैक्ट डिटेल्स	

वसीयत 2

नाम	
वसीयत की तारीख	
वसीयत की लोकेशन	
वसीयत प्रबंधक का नाम	
वसीयत प्रबंधक के कॉन्टैक्ट डिटेल्स	
पहले गवाह का नाम	
पहले गवाह के कॉन्टैक्ट डिटेल्स	
दूसरे गवाह का नाम	
दूसरे गवाह के कॉन्टैक्ट डिटेल्स	

2

बैंक और कार्ड

क्या आप जानते हैं कि भारत में, फरवरी 2023 के अंत तक बैंकों में 35,000 करोड़ रुपये से ज़्यादा के डिपॉज़िट थे जिन पर दावा करने वाला कोई नहीं था? बहुत से लोग बैंक अकाउंट खोलते हैं और अपने परिवार को बताना भूल जाते हैं, और इससे भी बदतर, अकाउंट के लिए नॉमिनी के डिटेल्स नहीं देते हैं। इस चैप्टर का मकसद आपको हर बैंक अकाउंट, आपके पास मौजूद हर कार्ड और हर अकाउंट से जुड़ी सभी ज़रूरी जानकारी को रिकॉर्ड करने में मदद करना है।

यहां एक से ज़्यादा बैंक अकाउंट के लिए जगह है क्योंकि समय बीतने के साथ लोगों के पास कई अकाउंट हो जाते हैं। हर बार जब कोई नौकरी बदलता है, तो एक नया सैलरी अकाउंट खुल जाता है। फिर बचपन से चले आ रहे अकाउंट्स या जीवनसाथी के साथ ज्वॉइंट अकाउंट्स भी होते हैं। हर बैंक अकाउंट और उसके बेसिक डिटेल्स पर नज़र रखना काम का होता है, वरना किसी कागज़ी कार्यवाही के लिए कभी बैंक का IFSC कोड पाने की हड़बड़ी मच जाती है या कभी किसी और मकसद से बैंक ब्रांच

का पता चाहिए होता है। न केवल आपके पास ये डिटेल्स हमेशा तैयार रहने चाहिएं, बल्कि आपको चेक बुक और पासबुक (जो अभी भी उनका इस्तेमाल करते हैं) की जगह भी पता होनी चाहिए।

जब आप ये शीट भरें, तो नॉमिनी डिटेल्स भरने की अहमियत को ध्यान में रखें। इससे आपको यह अलर्ट भी मिल जाएगा कि बैंक में आपका नॉमिनेशन सही है या नहीं। आपके परिवार को ये दस्तावेज़ इस्तेमाल करने हैं, इसलिए उनके लिए ये जानना ज़रूरी है कि नॉमिनी कौन है और अलग-अलग बैंक अकाउंट्स में पैसे का बंटवारा कैसे किया जाए।

मुझे उम्मीद है कि आप उस थ्री-बैंक अकाउंट सिस्टम का इस्तेमाल कर रहे होंगे जिसका जिक्र मैंने *बात पैसे की* में किया है, यानी एक इनकम अकाउंट, एक 'स्पेंड इट' अकाउंट और एक 'इन्वेस्ट इट' अकाउंट। बैंक के नाम के सामने उस अकाउंट का मकसद लिखें। इससे हर बैंक को एक खास मकसद जैसे खर्च या सेविंग्स चिह्नित करने में मदद मिलती है।

अगर आपका अकाउंट 'ज्वॉइंट' है, तो एक्स्ट्रा जगह का इस्तेमाल यह लिखने के लिए करें कि यह किस तरह का ज्वॉइंट अकाउंट है, जैसे, आप लिख सकते हैं 'आइदर ऑर सर्वाइवर'। अपने बैंक दस्तावेज़ों की जांच करके पता लगाएं कि आपके पास किस तरह का अकाउंट है।

ज़्यादातर लोगों के पास रेसिडेंट इंडियन (आरआई) बैंक अकाउंट होगा, लेकिन हो सकता है कि आपके पास, या आपके परिवार के पास एनआरओ या एनआरई अकाउंट हों। अगर आप कोई और जानकारी जोड़ना चाहते हैं, जैसे कि स्विफ्ट कोड, तो आप इसे आईएफएससी कोड वाली जगह पर भी लिख सकते हैं – वहां काफ़ी जगह है।

फिर से याद दिलाऊंगी कि अपने इंटरनेट बैंकिंग के लिए पासवर्ड भरते समय या बैंकिंग ऐप का पिन नंबर रिकॉर्ड करते समय पेंसिल का इस्तेमाल करें, क्योंकि ये बदलते रहते हैं।

बैंक 1

नाम	
सेविंग या करंट	
सिंगल या ज्वॉइंट	
फर्स्ट होल्डर	
सेकंड होल्डर	
नॉमिनी	
एकाउंट का प्रकार	RI ☐ NRO ☐ NRE ☐ Other ☐
ब्रांच का पता	
अकाउंट नंबर	
आईएफएससी कोड	
चेक बुक की लोकेशन	
इंटरनेट बैंकिंग	
यूज़रनेम	
पासवर्ड	
पिन	

बैंक 2

नाम	
सेविंग या करंट	
सिंगल या ज्वॉइंट	
फर्स्ट होल्डर	
सेकंड होल्डर	
नॉमिनी	
एकाउंट का प्रकार	RI ☐ NRO ☐ NRE ☐ Other ☐
ब्रांच का पता	
अकाउंट नंबर	
आईएफएससी कोड	
चेक बुक की लोकेशन	
इंटरनेट बैंकिंग	
यूज़रनेम	
पासवर्ड	
पिन	

बैंक 3

नाम	
सेविंग या करंट	
सिंगल या ज्वॉइंट	
फर्स्ट होल्डर	
सेकंड होल्डर	
नॉमिनी	
एकाउंट का प्रकार	RI ☐ NRO ☐ NRE ☐ Other ☐
ब्रांच का पता	
अकाउंट नंबर	
आईएफएससी कोड	
चेक बुक की जगह	
इंटरनेट बैंकिंग	
यूज़रनेम	
पासवर्ड	
पिन	

बैंक 4

नाम	
सेविंग या करंट	
सिंगल या ज्वॉइंट	
फर्स्ट होल्डर	
सेकंड होल्डर	
नॉमिनी	
एकाउंट का प्रकार	RI ☐ NRO ☐ NRE ☐ Other ☐
ब्रांच का पता	
अकाउंट नंबर	
आईएफएससी कोड	
चेक बुक की लोकेशन	
इंटरनेट बैंकिंग	
यूज़रनेम	
पासवर्ड	
पिन	

फ़िक्स्ड डिपॉज़िट 1

बैंक का नाम	
एफडी नंबर	
ज्वॉइंट या सिंगल	
फर्स्ट होल्डर	
सेकंड होल्डर	
डिपॉज़िट की तारीख और रकम	
मैच्योरिटी की तारीख और रकम	
एफडी सर्टिफिकेट की जगह	
नॉमिनी का नाम	
संबंध	

फ़िक्स्ड डिपॉज़िट 2

बैंक का नाम	
एफडी नंबर	
ज्वॉइंट या सिंगल	
फर्स्ट होल्डर	
सेकंड होल्डर	
डिपॉज़िट की तारीख और रकम	
मैच्योरिटी की तारीख और रकम	
एफडी सर्टिफिकेट की जगह	
नॉमिनी का नाम	
संबंध	

फ़िक्स्ड डिपॉज़िट 3

बैंक का नाम	
एफडी नंबर	
ज्वॉइंट या सिंगल	
फर्स्ट होल्डर	
सेकंड होल्डर	
डिपॉज़िट की तारीख और रकम	
मैच्योरिटी की तारीख और रकम	
एफडी सर्टिफिकेट की जगह	
नॉमिनी का नाम	
संबंध	

फ़िक्स्ड डिपॉज़िट 4

बैंक का नाम	
एफडी नंबर	
ज्वॉइंट या सिंगल	
फर्स्ट होल्डर	
सेकंड होल्डर	
डिपॉज़िट की तारीख और रकम	
मैच्योरिटी की तारीख और रकम	
एफडी सर्टिफिकेट की जगह	
नॉमिनी का नाम	
संबंध	

लॉकर 1

बैंक का नाम	
ब्रांच	
लॉकर नंबर	
चाबी का नंबर	
चाबी की लोकेशन	
सिंगल या ज्वॉइंट होल्डर	
फर्स्ट होल्डर	
सेकेंड होल्डर	
नॉमिनी का नाम	
नॉमिनी से संबंध	
लॉकर का सामान	

लॉकर 2

बैंक का नाम	
ब्रांच	
लॉकर नंबर	
चाबी का नंबर	
चाबी की लोकेशन	
सिंगल या ज्वॉइंट होल्डर	
फर्स्ट होल्डर	
सेकेंड होल्डर	
नॉमिनी का नाम	
नॉमिनी से संबंध	
लॉकर का सामान	

क्रेडिट कार्ड 1

बैंक का नाम	
वीज़ा/मास्टर कार्ड/अन्य	
कार्ड पर नाम	
कार्ड नंबर	
सीवीवी	
इश्यू होने की तारीख	
एक्सपायरी की तारीख	
पिन	
लोकेशन	
किसी तरह का इंश्योरेंस बेनेफिट	
हेल्पलाइन नंबर	
ऑनलाइन एक्सेस डिटेल्स	

क्रेडिट कार्ड 2

बैंक का नाम	
वीज़ा/मास्टरकार्ड/अन्य	
कार्ड पर नाम	
कार्ड नंबर	
सीवीवी	
इश्यू होने की तारीख	
एक्सपायरी की तारीख	
पिन	
लोकेशन	
किसी तरह का इंश्योरेंस बेनेफिट	
हेल्पलाइन नंबर	
ऑनलाइन एक्सेस डिटेल्स	

क्रेडिट कार्ड 3

बैंक का नाम	
वीज़ा/मास्टर कार्ड/अन्य	
कार्ड पर नाम	
कार्ड नंबर	
सीवीवी	
इश्यू होने की तारीख	
एक्सपायरी की तारीख	
पिन	
लोकेशन	
किसी तरह का इंश्योरेंस बेनेफिट	
हेल्पलाइन नंबर	
ऑनलाइन एक्सेस डिटेल्स	

डेबिट कार्ड 1

बैंक का नाम	
वीज़ा/मास्टरकार्ड/अन्य	
कार्ड पर नाम	
कार्ड नंबर	
सीवीवी	
इश्यू होने की तारीख	
एक्सपायरी की तारीख	
पिन	
लोकेशन	
किसी तरह का इंश्योरेंस बेनेफिट	
हेल्पलाइन नंबर	
ऑनलाइन एक्सेस डिटेल्स	

डेबिट कार्ड 2

बैंक का नाम	
वीज़ा/मास्टरकार्ड/अन्य	
कार्ड पर नाम	
कार्ड नंबर	
सीवीवी	
इश्यू होने की तारीख	
एक्सपायरी की तारीख	
पिन	
लोकेशन	
किसी तरह का इंश्योरेंस बेनेफिट	
हेल्पलाइन नंबर	
ऑनलाइन एक्सेस डिटेल्स	

डेबिट कार्ड 3

बैंक का नाम	
वीज़ा/मास्टरकार्ड/अन्य	
कार्ड पर नाम	
कार्ड नंबर	
सीवीवी	
इश्यू होने की तारीख	
एक्सपायरी की तारीख	
पिन	
लोकेशन	
किसी तरह का इंश्योरेंस बेनेफिट	
हेल्पलाइन नंबर	
ऑनलाइन एक्सेस डिटेल्स	

डेबिट कार्ड 4

बैंक का नाम	
वीज़ा/मास्टरकार्ड/अन्य	
कार्ड पर नाम	
कार्ड नंबर	
सीवीवी	
इश्यू होने की तारीख	
एक्सपायरी की तारीख	
पिन	
लोकेशन	
किसी तरह का इंश्योरेंस बेनेफिट	
हेल्पलाइन नंबर	
ऑनलाइन एक्सेस डिटेल्स	

3

इंश्योरेंस पॉलिसी

इंश्योरेंस भविष्य की आपात स्थितियों, जैसे कि असामयिक मौत, दुर्घटना या वाहन चोरी से निपटने के लिए खरीदा जाता है। जब कोई आपात स्थिति आती है, तो ज़्यादातर घरों में दस्तावेज़ों की तलाश शुरू होती है, जैसे कि अस्पताल में भर्ती होने के लिए और फिर क्लेम के लिए। खरीदी गई अलग-अलग पॉलिसियों का ब्यौरा एक ही जगह पर रखना महत्वपूर्ण है, ताकि यह साफ़ पता चल सके कि कौन से कवर मौजूद हैं और दस्तावेज़ कहां रखे हो सकते हैं।

मुझे यकीन है कि आप जानते होंगे कि भारतीय लाइफ़ इंश्योरेंस कंपनियों के पास ऐसी रकम करोड़ों रुपयों में है जिन पर किसी ने क्लेम नहीं किया है – IRDAI की सालाना रिपोर्ट के मुताबिक साल 2022-23 के लिए यह रकम 200 करोड़ रुपये से ज़्यादा है। लोग पॉलिसी खरीदते हैं और अपने परिवार को इसके बारे में बताना भूल जाते हैं। पॉलिसी खरीदना ही काफ़ी नहीं है, इसे मेंटेन करने और अपने परिवार के लिए डिटेल्स तैयार रखना भी ज़रूरी है, ताकि अगर आप ज़रूरी जानकारी देने

के लिए मौजूद न हों तो मदद मिल सके। मेरी सलाह है कि इन शीट्स को ध्यान से भरें क्योंकि क्लेम सटीक जानकारी पर निर्भर हो सकता है, और आसान डॉक्यूमेंटेशन के ज़रिए आप जो मदद कर सकते हैं, वह आज आपकी मेहनत की कीमत वसूल कर सकता है।

जब आप ये शीट भर रहे हों, अपनी पॉलिसीज़ का रिव्यू करने के लिए *बात पैसे की* में इंश्योरेंस पर चैप्टर्स को फिर से पढ़ें। याद रखें कि लाइफ़ इंश्योरेंस को प्योर टर्म लाइफ़ कवर के तौर पर खरीदना सबसे अच्छा है, न कि बंडल्ड इंश्योरेंस प्लान की तरह।

मैंने लाइफ़ इंश्योरेंस के लिए कई पन्ने रखे हैं – हालांकि आपको केवल एक टर्म प्लान की ज़रूरत होती है – क्योंकि ज़्यादातर लोग समय बीतने के साथ-साथ कई पॉलिसीज़ खरीद लेते हैं।

इंश्योरेंस पॉलिसीज़ कई तरह के डिस्ट्रीब्यूशन चैनलों की मदद से बेची जाती हैं: आपके लिए उस एजेंट या एजेंसी का ब्यौरा भरना ज़रूरी है जिसने आपको पॉलिसी बेची है। एजेंट को आप जो मोटा कमीशन देते हैं, उससे आपको पॉलिसी के अंत तक उस एजेंट की सर्विस लेने का हक मिलता है। क्लेम की स्थिति में, आपको कागज़ी कार्यवाही और क्लेम प्रोसेस में मदद के लिए एजेंट की ज़रूरत होती है। इसलिए, इन डिटेल्स को ध्यान से दर्ज करें। अगर आपने ऑनलाइन पॉलिसी खरीदी है, तो एजेंट और डिटेल्स के लिए छोड़ी गई जगह का इस्तेमाल अपना ऑनलाइन यूज़रनेम और पासवर्ड लिखने के लिए करें।

हेल्थ इंश्योरेंस के लिए, आपको थर्ड पार्टी एडमिनिस्ट्रेटर (TPA) का ब्यौरा भरना होगा। TPA आपको, हॉस्पिटल और इंश्योरेंस कंपनी को एक साथ जोड़ने में मदद करते हैं, और क्लेम प्रोसेस का एक महत्वपूर्ण हिस्सा होते हैं।

लाइफ़ इंश्योरेंस 1

लाइफ़ इंश्योरेंस कंपनी का नाम	
इंश्योर्ड शख्स का नाम	
पॉलिसी का नाम	
पॉलिसी नंबर	
इश्यू होने की तारीख	
मैच्योरिटी की तारीख	
प्रीमियम भुगतान की तारीख	
प्रीमियम भुगतान की अवधि	
सम अश्योर्ड	
एजेंट का नाम	
एजेंट के कॉन्टैक्ट डिटेल्स	
पॉलिसी डॉक्यूमेंट की जगह	
लाभार्थियों के नाम और उनके साथ संबंध	
इन्वेस्टमेंट-ओरिएंटेड इंश्योरेंस योजनाओं से फायदों की सूची	

लाइफ़ इंश्योरेंस 2

लाइफ़ इंश्योरेंस कंपनी का नाम	
इंश्योर्ड शख्स का नाम	
पॉलिसी का नाम	
पॉलिसी नंबर	
इश्यू होने की तारीख	
मैच्योरिटी की तारीख	
प्रीमियम भुगतान की तारीख	
प्रीमियम भुगतान की अवधि	
सम अश्योर्ड	
एजेंट का नाम	
एजेंट के कॉन्टैक्ट डिटेल्स	
पॉलिसी डॉक्यूमेंट की जगह	
लाभार्थियों के नाम और उनके साथ संबंध	
इन्वेस्टमेंट-ओरिएंटेड इंश्योरेंस योजनाओं से फायदों की सूची	

लाइफ़ इंश्योरेंस 3

लाइफ़ इंश्योरेंस कंपनी का नाम	
इंश्योर्ड शख्स का नाम	
पॉलिसी का नाम	
पॉलिसी नंबर	
इश्यू होने की तारीख	
मैच्योरिटी की तारीख	
प्रीमियम भुगतान की तारीख	
प्रीमियम भुगतान की अवधि	
सम अश्योर्ड	
एजेंट का नाम	
एजेंट के कॉन्टैक्ट डिटेल्स	
पॉलिसी डॉक्यूमेंट की जगह	
लाभार्थियों के नाम और उनके साथ संबंध	
इन्वेस्टमेंट-ओरिएंटेड इंश्योरेंस योजनाओं से फायदों की सूची	

लाइफ़ इंश्योरेंस 4

लाइफ़ इंश्योरेंस कंपनी का नाम	
इंश्योर्ड शख्स का नाम	
पॉलिसी का नाम	
पॉलिसी नंबर	
इश्यू होने की तारीख	
मैच्योरिटी की तारीख	
प्रीमियम भुगतान की तारीख	
प्रीमियम भुगतान की अवधि	
सम अश्योर्ड	
एजेंट का नाम	
एजेंट के कॉन्टैक्ट डिटेल्स	
पॉलिसी डॉक्यूमेंट की जगह	
लाभार्थियों के नाम और उनके साथ संबंध	
इन्वेस्टमेंट-ओरिएंटेड इंश्योरेंस योजनाओं से फायदों की सूची	

लाइफ़ इंश्योरेंस 5

लाइफ़ इंश्योरेंस कंपनी का नाम	
इंश्योर्ड शख्स का नाम	
पॉलिसी का नाम	
पॉलिसी नंबर	
इश्यू होने की तारीख	
मैच्योरिटी की तारीख	
प्रीमियम भुगतान की तारीख	
प्रीमियम भुगतान की अवधि	
सम अश्योर्ड	
एजेंट का नाम	
एजेंट के कॉन्टैक्ट डिटेल्स	
पॉलिसी डॉक्यूमेंट की जगह	
लाभार्थियों के नाम और उनके साथ संबंध	
इन्वेस्टमेंट-ओरिएंटेड इंश्योरेंस योजनाओं से फायदों की सूची	

लाइफ़ इंश्योरेंस 6

लाइफ़ इंश्योरेंस कंपनी का नाम	
इंश्योर्ड शख्स का नाम	
पॉलिसी का नाम	
पॉलिसी नंबर	
इश्यू होने की तारीख	
मैच्योरिटी की तारीख	
प्रीमियम भुगतान की तारीख	
प्रीमियम भुगतान की अवधि	
सम अश्योर्ड	
एजेंट का नाम	
एजेंट के कॉन्टैक्ट डिटेल्स	
पॉलिसी डॉक्यूमेंट की जगह	
लाभार्थियों के नाम और उनके साथ संबंध	
इन्वेस्टमेंट-ओरिएंटेड इंश्योरेंस योजनाओं से फायदों की सूची	

हेल्थ इंश्योरेंस 1

हेल्थ इंश्योरेंस कंपनी का नाम	
पॉलिसी का नाम	
कवर के दायरे में आने वाले शख्स	
पॉलिसी नंबर	
इश्यू होने की तारीख	
प्रीमियम भुगतान की तारीख	
सम इंश्योर्ड	
मेडिक्लेम कार्ड की जगह	
पॉलिसी डॉक्यूमेंट की जगह	
टीपीए का नाम	
टीपीए नंबर	
एजेंट का नाम	
एजेंट नंबर	
नॉमिनीज़ के नाम	
नॉमिनीज़ के साथ संबंध	

हेल्थ इंश्योरेंस 2

हेल्थ इंश्योरेंस कंपनी का नाम	
पॉलिसी का नाम	
कवर के दायरे में आने वाले शख्स	
पॉलिसी नंबर	
इश्यू होने की तारीख	
प्रीमियम भुगतान की तारीख	
सम इंश्योर्ड	
मेडिक्लेम कार्ड की जगह	
पॉलिसी डॉक्यूमेंट की जगह	
टीपीए का नाम	
टीपीए नंबर	
एजेंट का नाम	
एजेंट नंबर	
नॉमिनीज़ के नाम	
नॉमिनीज़ के साथ संबंध	

सीजीएचएस या अन्य बेनेफिट 1

होल्डर का नाम	
डॉक्यूमेंट नंबर	
लाभार्थियों के नाम	
संबंध	
वैधता	
कार्ड्स की जगह	

सीजीएचएस या अन्य बेनेफिट 2

होल्डर का नाम	
डॉक्यूमेंट नंबर	
लाभार्थियों के नाम	
संबंध	
वैधता	
कार्ड्स की जगह	

सीजीएचएस या अन्य बेनेफिट 3

होल्डर का नाम	
डॉक्यूमेंट नंबर	
लाभार्थियों के नाम	
संबंध	
वैधता	
कार्ड्स की जगह	

सीजीएचएस या अन्य बेनेफिट 4

होल्डर का नाम	
डॉक्यूमेंट नंबर	
लाभार्थियों के नाम	
संबंध	
वैधता	
कार्ड्स की जगह	

व्हीकल इंश्योरेंस 1

व्हीकल के मालिक का नाम	
इंश्योर्ड व्हीकल	
इंश्योरेंस कंपनी का नाम	
पॉलिसी का नाम	
पॉलिसी नंबर	
इश्यू होने की तारीख	
प्रीमियम भुगतान की तारीख	
सम इंश्योर्ड	
पॉलिसी डॉक्यूमेंट की जगह	
एजेंट का नाम और नंबर	
नॉमिनीज़ के नाम	
संबंध	
कवर का ब्यौरा	

व्हीकल इंश्योरेंस 2

व्हीकल के मालिक का नाम	
इंश्योर्ड व्हीकल	
इंश्योरेंस कंपनी का नाम	
पॉलिसी का नाम	
पॉलिसी नंबर	
इश्यू होने की तारीख	
प्रीमियम भुगतान की तारीख	
सम इंश्योर्ड	
पॉलिसी डॉक्यूमेंट की जगह	
एजेंट का नाम और नंबर	
नॉमिनीज़ के नाम	
संबंध	
कवर का ब्यौरा	

व्हीकल इंश्योरेंस 3

व्हीकल के मालिक का नाम	
इंश्योर्ड व्हीकल	
इंश्योरेंस कंपनी का नाम	
पॉलिसी का नाम	
पॉलिसी नंबर	
इश्यू होने की तारीख	
प्रीमियम भुगतान की तारीख	
सम इंश्योर्ड	
पॉलिसी डॉक्यूमेंट की जगह	
एजेंट का नाम और नंबर	
नॉमिनीज़ के नाम	
संबंध	
कवर का ब्यौरा	

व्हीकल इंश्योरेंस 4

व्हीकल के मालिक का नाम	
इंश्योर्ड व्हीकल	
इंश्योरेंस कंपनी का नाम	
पॉलिसी का नाम	
पॉलिसी नंबर	
इश्यू होने की तारीख	
प्रीमियम भुगतान की तारीख	
सम इंश्योर्ड	
पॉलिसी डॉक्यूमेंट की जगह	
एजेंट का नाम और नंबर	
नॉमिनीज़ के नाम	
संबंध	
कवर का ब्यौरा	

होम इंश्योरेंस 1

होल्डर का नाम	
जिस घर का कवरेज है उसका पता	
पॉलिसी का नाम	
पॉलिसी नंबर	
इश्यू होने की तारीख	
प्रीमियम भुगतान की तारीख	
सम इंश्योर्ड	
पॉलिसी डॉक्यूमेंट की जगह	
एजेंट का नाम और नंबर	
नॉमिनीज़ के नाम	
संबंध	
कवर का ब्यौरा	

होम इंश्योरेंस 2

होल्डर का नाम	
जिस घर का कवरेज है उसका पता	
पॉलिसी का नाम	
पॉलिसी नंबर	
इश्यू होने की तारीख	
प्रीमियम भुगतान की तारीख	
सम इंश्योर्ड	
पॉलिसी डॉक्यूमेंट की जगह	
एजेंट का नाम और नंबर	
नॉमिनीज़ के नाम	
संबंध	
कवर का ब्यौरा	

ग्रुप और कॉरपोरेट कवर 1

ग्रुप कवर देने वाली कंपनी का नाम	
इंश्योरेंस कंपनी का नाम	
होल्डर का नाम	
पॉलिसी का नाम	
पॉलिसी नंबर	
इश्यू होने की तारीख	
प्रीमियम भुगतान की तारीख (अगर है तो)	
सम इंश्योर्ड	
पॉलिसी डॉक्यूमेंट की जगह	
एजेंट/अकाउंट्स नाम और नंबर	
नॉमिनीज़ के नाम	
संबंध	
कवर का ब्यौरा	

ग्रुप और कॉरपोरेट कवर 2

ग्रुप कवर देने वाली कंपनी का नाम	
इंश्योरेंस कंपनी का नाम	
होल्डर का नाम	
पॉलिसी का नाम	
पॉलिसी नंबर	
इश्यू होने की तारीख	
प्रीमियम भुगतान की तारीख (अगर है तो)	
सम इंश्योर्ड	
पॉलिसी डॉक्यूमेंट की जगह	
एजेंट/अकाउंट्स नाम और नंबर	
नॉमिनीज़ के नाम	
संबंध	
कवर का ब्यौरा	

दूसरी पॉलिसीज़ 1

होल्डर का नाम	
इंश्योरेंस कंपनी का नाम	
पॉलिसी का नाम	
पॉलिसी नंबर	
इश्यू होने की तारीख	
प्रीमियम भुगतान की तारीख	
सम इंश्योर्ड	
पॉलिसी डॉक्यूमेंट की जगह	
एजेंट/अकाउंट नाम और नंबर	
नॉमिनीज़ के नाम	
संबंध	
कवर का ब्यौरा	

दूसरी पॉलिसीज़ 2

होल्डर का नाम	
इंश्योरेंस कंपनी का नाम	
पॉलिसी का नाम	
पॉलिसी नंबर	
इश्यू होने की तारीख	
प्रीमियम भुगतान की तारीख	
सम इंश्योर्ड	
पॉलिसी डॉक्यूमेंट की जगह	
एजेंट/अकाउंट नाम और नंबर	
नॉमिनीज़ के नाम	
संबंध	
कवर का ब्यौरा	

4

फिक्स्ड-रिटर्न इन्वेस्टमेंट

इस चैप्टर में शामिल प्रोडक्ट फिक्स्ड डिपॉज़िट के साथ, एसेट की फिक्स्ड-रिटर्न कैटेगरी में आते हैं। इनमें तय या गारंटीड रिटर्न होता है, जिसमें छोटी बचत योजनाएं और अलग-अलग सरकारी योजनाएं शामिल हैं। यहां दी गई सूची अपने-आप में पूरी नहीं है क्योंकि सरकार कई प्रोडक्ट्स जोड़ती या हटाती रहती है। मैंने आपके लिए काफ़ी 'दूसरे प्रोडक्ट्स' पन्ने रखे हैं, ताकि आप उन प्रोडक्ट्स के डिटेल्स भर सकें जो इस सूची में नहीं हैं।

जब आप इन पन्नों को भर रहे हों तब बैलेंस, पासवर्ड और प्रोडक्ट डिटेल्स में होने वाले बदलावों को अपडेट करना याद रखें। आपके पास मौजूद प्रोडक्ट्स और उनकी ताज़ा वैल्यू को देखने के लिए सालाना ऑडिट करना एक अच्छा आइडिया है। इन पन्नों से एसेट्स की जानकारी निकालकर आप अपना नेटवर्थ स्टेटमेंट भी बना सकते हैं। मैंने कर्मचारी भविष्य निधि (ईपीएफ) खातों के लिए चार पन्ने रखे हैं। आप इनका इस्तेमाल तीन तरीकों से कर सकते हैं। पहला, उन लोगों के लिए जो

अक्सर नौकरी बदलते हैं और हर संस्थान से अपने प्रोविडेंट फंड के डिटेल्स रिकॉर्ड करना चाहते हैं। हां, अब पीएफ एक नंबर से जुड़ गया है, जो नहीं बदलता, भले ही आप कितनी भी कंपनियां बदल लें। दूसरा, उन लोगों के लिए जो परिवार के दूसरे सदस्यों के पीएफ डिटेल्स रिकॉर्ड करना चाहते हैं। तीसरा तरीका उन रिटायर्ड लोगों के लिए है, जो अपनी पेंशन की जानकारी रिकॉर्ड करना चाहते हैं, वे अपने पेंशन डिटेल्स भरने के लिए ईपीएफ पन्ने का इस्तेमाल करें।

मैंने पब्लिक प्रोविडेंट फंड (PPF) के लिए दो पेज छोड़े हैं, उन लोगों के लिए जिनके पति या पत्नी का भी अकाउंट है, और वे इसे यहां दर्ज करना चाहेंगे। आपके निवेश के हर साल के लिए पीपीएफ एसेट को रिकॉर्ड करने के लिए जगह दी गई है। हर साल के लिए ब्याज दरें लिखना न भूलें, ताकि आपको पता चले कि प्रोडक्ट के निवेशकाल में आपको क्या दर मिली।

आप में से कई लोग इनमें से कई प्रोडक्ट्स ऑनलाइन इस्तेमाल कर रहे होंगे और हो सकता है कि आपके पास फ़िज़िकल सर्टिफिकेट नहीं हो। उस बॉक्स का इस्तेमाल किसी और ज़रूरी जानकारी को रिकॉर्ड करने के लिए करें जो आपको लगता है कि आपको चाहिए और मैंने इसे शामिल नहीं किया है।

कुछ प्रोडक्ट्स पर ब्याज दरें निवेश के जीवनकाल में बदलती रहती हैं। इसके लिए पन्नों पर खाली स्थान छोड़ा गया है, जहां आप हाशिये पर इसे रिकॉर्ड कर सकते हैं।

कर्मचारी भविष्य निधि 1

होल्डर का नाम	
यूनिवर्सल अकाउंट नंबर	
यूएएन कार्ड की जगह	
स्कीम सर्टिफिकेट नंबर	
एम्पलॉयर का नाम	
नौकरी ज्वॉइन करने की तारीख	
ऑनलाइन एक्सेस डिटेल्स	
नॉमिनीज़ के नाम	
नॉमिनीज़ के साथ संबंध	
पीएफ बैलेंस	

कर्मचारी भविष्य निधि 2

होल्डर का नाम	
यूनिवर्सल अकाउंट नंबर	
यूएएन कार्ड की जगह	
स्कीम सर्टिफिकेट नंबर	
एम्पलॉयर का नाम	
नौकरी ज्वॉइन करने की तारीख	
ऑनलाइन एक्सेस डिटेल्स	
नॉमिनीज़ के नाम	
नॉमिनीज़ के साथ संबंध	
पीएफ बैलेंस	

कर्मचारी भविष्य निधि 3

होल्डर का नाम	
यूनिवर्सल अकाउंट नंबर	
यूएएन कार्ड की जगह	
स्कीम सर्टिफिकेट नंबर	
एम्पलॉयर का नाम	
नौकरी ज्वॉइन करने की तारीख	
ऑनलाइन एक्सेस डिटेल्स	
नॉमिनीज़ के नाम	
नॉमिनीज़ के साथ संबंध	
पीएफ बैलेंस	

कर्मचारी भविष्य निधि 4

होल्डर का नाम	
यूनिवर्सल अकाउंट नंबर	
यूएएन कार्ड की जगह	
स्कीम सर्टिफिकेट नंबर	
एम्पलॉयर का नाम	
नौकरी ज्वॉइन करने की तारीख	
ऑनलाइन एक्सेस डिटेल्स	
नॉमिनीज़ के नाम	
नॉमिनीज़ के साथ संबंध	
पीएफ बैलेंस	

पब्लिक प्रोविडेंट फंड 1

बैंक/पोस्ट ऑफिस नाम और पता	
निवेश शुरू करने का साल	
निवेश खत्म होने का साल	
नॉमिनीज़ के नाम	
नॉमिनीज़ के साथ संबंध	
प्रत्येक वित्त वर्ष में एसेट	
पहला साल	दूसरा साल
तीसरा साल	चौथा साल
पांचवां साल	छठा साल
सातवां साल	आठवां साल
नौवां साल	दसवां साल
ग्यारहवां साल	बारहवां साल
तेरहवां साल	चौदहवां साल
पंद्रहवां साल	सोलहवां साल

पब्लिक प्रोविडेंट फंड 2

बैंक/पोस्ट ऑफिस नाम और पता	
निवेश शुरू करने का साल	
निवेश खत्म होने का साल	
नॉमिनीज़ के नाम	
नॉमिनीज़ के साथ संबंध	
प्रत्येक वित्त वर्ष में एसेट	
पहला साल	दूसरा साल
तीसरा साल	चौथा साल
पांचवां साल	छठा साल
सातवां साल	आठवां साल
नौवां साल	दसवां साल
ग्यारहवां साल	बारहवां साल
तेरहवां साल	चौदहवां साल
पंद्रहवां साल	सोलहवां साल

नेशनल सेविंग्स सर्टिफिकेट 1

बैंक/पोस्ट ऑफिस का नाम और पता	
एनएससी नंबर	
खरीद की तारीख	
मैच्योरिटी की तारीख	
ब्याज दर	
नॉमिनीज़ के नाम और उनसे संबंध	

नेशनल सेविंग्स सर्टिफिकेट 2

बैंक/पोस्ट ऑफिस का नाम और पता	
एनएससी नंबर	
खरीद की तारीख	
मैच्योरिटी की तारीख	
ब्याज दर	
नॉमिनीज़ के नाम और उनसे संबंध	

पोस्ट ऑफिस मंथली इनकम स्कीम 1

बैंक/पोस्ट ऑफिस का नाम और पता	
सर्टिफिकेट नंबर	
निवेश की गई रकम	
मंथली इनकम और ब्याज	
खरीद की तारीख	
मैच्योरिटी की तारीख	
सर्टिफिकेट की जगह	
नॉमिनीज़ के नाम और उनसे संबंध	

पोस्ट ऑफिस मंथली इनकम स्कीम 2

बैंक/पोस्ट ऑफिस का नाम और पता	
सर्टिफिकेट नंबर	
निवेश की गई रकम	
मंथली इनकम और ब्याज	
खरीद की तारीख	
मैच्योरिटी की तारीख	
सर्टिफिकेट की जगह	
नॉमिनीज़ के नाम और उनसे संबंध	

रेकरिंग डिपॉज़िट 1

बैंक/पोस्ट ऑफिस का नाम और पता	
सर्टिफिकेट नंबर	
हर महीने निवेश की जाने वाली रकम	
खरीद की तारीख और ब्याज	
मैच्योरिटी की तारीख और उस पर मिलने वाली रकम	
सर्टिफिकेट की जगह	
नॉमिनीज़ के नाम और उनसे संबंध	

रेकरिंग डिपॉज़िट 2

बैंक/पोस्ट ऑफिस का नाम और पता	
सर्टिफिकेट नंबर	
हर महीने निवेश की जाने वाली रकम	
खरीद की तारीख और ब्याज	
मैच्योरिटी की तारीख और उस पर मिलने वाली रकम	
सर्टिफिकेट की जगह	
नॉमिनीज़ के नाम और उनसे संबंध	

किसान विकास पत्र 1

बैंक/पोस्ट ऑफिस का नाम और पता	
सर्टिफिकेट नंबर	
निवेश की गई रकम	
खरीद की तारीख और ब्याज	
मैच्योरिटी की तारीख और उस पर मिलने वाली रकम	
सर्टिफिकेट की जगह	
नॉमिनीज़ के नाम और उनसे संबंध	

किसान विकास पत्र 2

बैंक/पोस्ट ऑफिस का नाम और पता	
सर्टिफिकेट नंबर	
निवेश की गई रकम	
खरीद की तारीख और ब्याज	
मैच्योरिटी की तारीख और उस पर मिलने वाली रकम	
सर्टिफिकेट की जगह	
नॉमिनीज़ के नाम और उनसे संबंध	

आरबीआई बॉन्ड 1

जिस बैंक/वेंडर से खरीदा गया है	
बॉन्ड नंबर	
निवेश की गई रकम	
खरीद की तारीख और ब्याज	
मैच्योरिटी की तारीख और उस पर मिलने वाली रकम	
नॉमिनीज़ के नाम और उनसे संबंध	

आरबीआई बॉन्ड 2

जिस बैंक/वेंडर से खरीदा गया है	
बॉन्ड नंबर	
निवेश की गई रकम	
खरीद की तारीख और ब्याज	
मैच्योरिटी की तारीख और उस पर मिलने वाली रकम	
नॉमिनीज़ के नाम और उनसे संबंध	

कंपनी डिपॉज़िट 1

कंपनी	
सर्टिफिकेट नंबर	
निवेश की गई रकम	
खरीद की तारीख और ब्याज	
मैच्योरिटी की तारीख और उस पर मिलने वाली रकम	
नॉमिनीज़ के नाम और उनसे संबंध	

कंपनी डिपॉज़िट 2

कंपनी	
सर्टिफिकेट नंबर	
निवेश की गई रकम	
खरीद की तारीख और ब्याज	
मैच्योरिटी की तारीख और उस पर मिलने वाली रकम	
नॉमिनीज़ के नाम और उनसे संबंध	

अन्य 1

जिस बैंक/वेंडर से खरीदा गया है	
सर्टिफिकेट नंबर	
निवेश की गई रकम	
खरीद की तारीख और ब्याज	
मैच्योरिटी की तारीख और उस पर मिलने वाली रकम	
नॉमिनीज़ के नाम और उनसे संबंध	

अन्य 2

जिस बैंक/वेंडर से खरीदा गया है	
सर्टिफिकेट नंबर	
निवेश की गई रकम	
खरीद की तारीख और ब्याज	
मैच्योरिटी की तारीख और उस पर मिलने वाली रकम	
नॉमिनीज़ के नाम और उनसे संबंध	

अन्य 3

जिस बैंक/वेंडर से खरीदा गया है	
सर्टिफिकेट नंबर	
निवेश की गई रकम	
खरीद की तारीख और ब्याज	
मैच्योरिटी की तारीख और उस पर मिलने वाली रकम	
नॉमिनीज़ के नाम और उनसे संबंध	

अन्य 4

जिस बैंक/वेंडर से खरीदा गया है	
सर्टिफिकेट नंबर	
निवेश की गई रकम	
खरीद की तारीख और ब्याज	
मैच्योरिटी की तारीख और उस पर मिलने वाली रकम	
नॉमिनीज़ के नाम और उनसे संबंध	

5

कैपिटल मार्केट

पहले के विपरीत, कैपिटल मार्केट प्रोडक्ट्स जैसे स्टॉक, म्यूचुअल फंड और दूसरी लिस्टेड सिक्योरिटीज़ अब भारतीय लोगों के एसेट एलोकेशन का एक बढ़ता हुआ हिस्सा बन गई हैं। एक अनुमान के अनुसार, सभी भारतीय परिवारों में से 17 प्रतिशत से ज़्यादा के पास सीधे या किसी इंटरमीडियरी के माध्यम से शेयर बाज़ार में कम से कम कुछ हिस्सेदारी है, जैसे कि म्यूचुअल फंड में। दरअसल, अगर हम शेयर बाज़ार में EPFO के निवेश और NPS के हिस्से को जोड़ दें तो यह नंबर और ज़्यादा हो सकता है।

इस चैप्टर के पन्ने आपके लिए कैपिटल मार्केट्स के साथ आपके संबंधों को लिखने के लिए हैं, न कि पोर्टफोलियो वैल्यू में रोज़ आ रहे बदलाव पर नज़र रखने के लिए। यह देखते हुए कि कैपिटल मार्केट प्रोडक्ट्स को खरीदने और बेचने के कई तरीके हैं, आपको वे सभी ज़रूरी डिटेल्स लिखने चाहिएं जिनकी आपके वारिसों को फंड तक पहुंचने के लिए ज़रूरत होगी।

जब आप इन पन्नों को भर रहे होंगे, आपको अपने सर्विस प्रोवाइडरों को दिए गए अपने नॉमिनीज़ डिटेल्स को अपडेट करना भी याद आ जाएगा।

आपके पोर्टफोलियो की वैल्यू हर दिन बदलती रहेगी और यहां स्टॉक या म्यूचुअल फंड स्कीम के नाम दर्ज करने का कोई मतलब नहीं है। उनके लेटेस्ट डिटेल्स अकाउंट स्टेटमेंट और ब्रोकर अकाउंट में मिल जाएंगे। इसलिए, उन इंटरमीडियरीज़ के डिटेल्स दर्ज करें जिनके माध्यम से आप इन प्रोडक्ट्स को खरीदते और बेचते हैं। बहुत से लोग अब सीधे ऑनलाइन या ऐप के ज़रिये निवेश करते हैं। अकाउंट इस्तेमाल करने के लिए ज़रूरी डिटेल्स के साथ-साथ बाज़ारों तक एक्सेस के अपने तरीके को यहां दर्ज करना एक अच्छा आइडिया है।

'पोर्टफोलियो वैल्यू' पन्नों में बॉक्स इतने बड़े हैं कि आप हर साल होने वाले कैपिटल गेन्स या लॉस को रिकॉर्ड कर सकते हैं। सिर्फ़ अपनी जानकारी के लिए, साल के अंत में सेंसेक्स या निफ्टी 50 या किसी दूसरे बेंचमार्क की वैल्यू लिखें, जिससे पता चले कि पिछले कुछ सालों में मार्केट ने कैसा प्रदर्शन किया है।

नेशनल पेंशन सिस्टम (NPS) रिटायरमेंट कॉर्पस बनाने के लिए एक अच्छे विकल्प के रूप में उभरा है। आपमें से कई लोग लॉन्ग टर्म टियर I प्रोडक्ट के साथ-साथ टियर II अकाउंट का इस्तेमाल करते हैं, इसलिए यहां उनके डिटेल्स लिखना न भूलें। NPS पेज का एक हिस्सा तभी भरा जाएगा जब आप रिटायरमेंट की उम्र तक पहुंच जाएंगे और अपना एन्युइटी प्रोवाइडर चुन लेंगे।

हर दिन बाज़ार में नए प्रोडक्ट्स आ रहे हैं। PMS और दूसरे प्रोडक्ट्स के लिए दिए गए पेज में आप इन्हें रिकॉर्ड कर सकते हैं। अगर कैपिटल मार्केट स्पेस में बहुत ज़्यादा बदलाव आता है, तब आपको इस किताब के भविष्य के संस्करणों पर नज़र रखनी चाहिए!

स्टॉक मार्केट 1

होल्डर का नाम	
डिपॉज़िटरी का नाम	
डिपॉज़िटरी पार्टिसिपेंट का नाम	
डिपॉज़िटरी पार्टिसिपेंट आईडी	
क्लाइंट आईडी	
कंसोलिडेटेड अकाउंट स्टेटमेंट लोकेशन	
ब्रोकर का नाम	
ब्रोकर वेबसाइट	
यूज़रनेम	
पासवर्ड	
रिलेशनशिप मैनेजर का नाम	
कॉन्टैक्ट डिटेल्स	
नॉमिनीज़ के नाम और संबध	

पोर्टफोलियो वैल्यू	
तारीख	रकम

स्टॉक मार्केट 2

होल्डर का नाम	
डिपॉज़िटरी का नाम	
डिपॉज़िटरी पार्टिसिपेंट का नाम	
डिपॉज़िटरी पार्टिसिपेंट आईडी	
क्लाइंट आईडी	
कंसोलिडेटेड अकाउंट स्टेटमेंट लोकेशन	
ब्रोकर का नाम	
ब्रोकर वेबसाइट	
यूज़रनेम	
पासवर्ड	
रिलेशनशिप मैनेजर का नाम	
कॉन्टैक्ट डिटेल्स	
नॉमिनीज़ के नाम और संबध	

पोर्टफोलियो वैल्यू	
तारीख	रकम

मयूचुअल फंड 1

होल्डर का नाम	
बैंक/प्लेटफॉर्म/एजेंट/एडवाइज़र का नाम	
क्लाइंट आईडी	
कंसोलिडेटेड अकाउंट स्टेटमेंट लोकेशन	
वेबसाइट	
यूज़रनेम	
पासवर्ड	
रिलेशनशिप मैनजर का नाम	
कॉन्टैक्ट डिटेल्स	
नॉमिनीज़ के नाम और संबध	

पोर्टफोलियो वैल्यू	
तारीख	**रकम**

म्यूचुअल फंड 2

होल्डर का नाम	
बैंक/प्लेटफॉर्म/एजेंट/ एडवाइज़र का नाम	
क्लाइंट आईडी	
कंसोलिडेटेड अकाउंट स्टेटमेंट लोकेशन	
वेबसाइट	
यूज़रनेम	
पासवर्ड	
रिलेशनशिप मैनजर का नाम	
कॉन्टैक्ट डिटेल्स	
नॉमिनीज़ के नाम और संबध	

पोर्टफोलियो वैल्यू	
तारीख	रकम

नेशनल पेंशन सिस्टम 1

होल्डर का नाम	
PRAN	
रजिस्ट्रेशन की तारीख	
टियर I डिटेल्स	
टियर II डिटेल्स	
प्वॉइंट ऑफ़ प्रेज़ेंस सर्विस प्रोवाइडर	
ऑनलाइन एक्सेस डिटेल्स	
एन्युटी सर्विस प्रोवाइडर	
ट्रांजैक्शन स्टेटमेंट लोकेशन	
नॉमिनीज़ के नाम और संबंध	

पोर्टफोलियो वैल्यू	
तारीख	रकम

नेशनल पेंशन सिस्टम 2

होल्डर का नाम	
PRAN	
रजिस्ट्रेशन की तारीख	
टियर I डिटेल्स	
टियर II डिटेल्स	
प्वॉइंट ऑफ़ प्रेज़ेंस सर्विस प्रोवाइडर	
ऑनलाइन एक्सेस डिटेल्स	
एन्युटी सर्विस प्रोवाइडर	
ट्रांजैक्शन स्टेटमेंट लोकेशन	
नॉमिनीज़ के नाम और संबंध	

पोर्टफोलियो वैल्यू	
तारीख	**रकम**

PMS, AIF, REIT और अन्य 1

प्रोडक्ट का नाम	
होल्डर का नाम	
क्लाइंट आईडी	
बैंक/प्लेटफॉर्म/एजेंट/ एडवाइज़र का नाम	
वेबसाइट	
यूज़रनेम	
पासवर्ड	
रिलेशनशिप मैनेजर का नाम	
कॉन्टैक्ट डिटेल्स	
ट्रांजैक्शन स्टेटमेंट लोकेशन	
नॉमिनीज़ के नाम और संबंध	

पोर्टफोलियो वैल्यू	
तारीख	रकम

PMS, AIF, REIT और अन्य 2

प्रोडक्ट का नाम	
होल्डर का नाम	
क्लाइंट आईडी	
बैंक/प्लेटफॉर्म/एजेंट/ एडवाइज़र का नाम	
वेबसाइट	
यूज़रनेम	
पासवर्ड	
रिलेशनशिप मैनेजर का नाम	
कॉन्टैक्ट डिटेल्स	
ट्रांजैक्शन स्टेटमेंट लोकेशन	
नॉमिनीज़ के नाम और संबंध	

पोर्टफोलियो वैल्यू	
तारीख	रकम

6

रियल एस्टेट

भारतीय लोग अपने प्रॉपर्टी इन्वेस्टमेंट से प्यार करते हैं और कुछ लोग कई शहरों में कई प्रॉपर्टीज़ खरीद लेते हैं। जहां उनका मैनेजमेंट एक मुश्किल काम है, वहीं प्रॉपर्टी के मालिक की मौत के बाद वारिसों के लिए जो उलझनें रह जाती हैं, उन्हें सुलझाना और भी चुनौतीपूर्ण होता है। और क्या आपको पता है कि पीढ़ियों से चले आ रहे पारिवारिक विवादों की असली वजह रियल एस्टेट है। एक अनुमान के मुताबिक भारतीय अदालतों में लंबित आधे से ज़्यादा मामले प्रॉपर्टी के विवादों से जुड़े हैं।

मुझे उम्मीद है कि इन पन्नों को भरकर आप अपने वारिसों को यह भी बता पाएंगे कि उन्हें प्रॉपर्टी का कितना हिस्सा या कौन सी प्रॉपर्टी विरासत में मिलेगी। इसलिए, सभी ज़रूरी डिटेल्स को एक ही जगह पर नज़र के सामने रखना मददगार होता है – न केवल आपके वारिसों के लिए बल्कि आपके लिए भी, जब आप अपना नेट वर्थ स्टेटमेंट बनाना शुरू करते हैं।

मैंने प्रॉपर्टी के लिए चार पन्ने रखे हैं, लेकिन सही मायने में मेरी उम्मीद है कि आप एक से ज़्यादा नहीं भरेंगे! रियल एस्टेट का मेंटनेंस और उसमें

लेन-देन करना एक मुश्किल काम है। इससे भी बदतर, मुझे लगता है कि यह विरासत में मिलने वाली मुश्किल भरी जायदाद है जिसमें बहुत सारे कागज़ात और भागदौड़ की ज़रूरत होती है। जब आप ये पन्ने भर रहे हों, तो ध्यान रखें कि कोई और ज़रूरी ब्यौरा भी भरें, जो आपके लिए खास महत्व का हो। अपनी वसीयत को अपडेट करना भी एक अच्छा आइडिया है क्योंकि आप प्रॉपर्टी का ब्यौरा लिखते हैं और साफ़ तौर पर बताते हैं कि आपके बाद कौन सी प्रॉपर्टी किसे और किस अनुपात में मिलेगी।

एक से ज़्यादा प्रॉपर्टीज़ वाले कई लोग आमदनी के लिए उन्हें किराए पर देते हैं। यहां किराएदारों का ब्यौरा दर्ज करना ज़रूरी है। किराएदार बदलते रहते हैं, इसलिए उनके डिटेल्स को रिकॉर्ड करने के लिए पेंसिल का इस्तेमाल करें, ताकि ज़रूरत पड़ने पर उनमें बदलाव किया जा सके।

अपनी जानकारी के लिए, आप मार्जिन में प्रॉपर्टी की कीमत लिख सकते हैं जब आपने इसे खरीदा था और जब समय-समय पर इसका मूल्यांकन किया जाता है। आप प्रॉपर्टी के रखरखाव पर समय-समय पर होने वाले खर्चों को भी यहां जोड़ सकते हैं। अगर आप प्रॉपर्टी बेचना चाहते हैं तो ये जानकारी आपके काम आएगी।

जिन लोगों ने प्रॉपर्टी की बिक्री से होने वाले मुनाफे का निवेश 54EC बॉन्ड में किया है, वे इन बॉन्ड का ब्यौरा 'अन्य' पेज पर दें।

प्रॉपर्टी टैक्स अब ऑनलाइन चुकाया जाता है, इसलिए प्रॉपर्टी टैक्स के लिए दी गई जगह पर ऑनलाइन एक्सेस का ब्यौरा लिखना बेहतर है।

प्रॉपर्टी 1

पता	
मालिकों के नाम	
मालिकों की हिस्सेदारी	
कागज़ात की लोकेशन	
प्रॉपर्टी आइडेंटिफिकेशन नंबर	
प्रॉपर्टी का ब्यौरा	
म्यूटेशन डिटेल्स	
प्रॉपर्टी टैक्स डिटेल्स	
प्रॉपर्टी किराये पर है/खाली है/ खुद रहते हैं	
किरायेदारों का ब्यौरा	
नाम	
कॉन्टैक्ट डिटेल्स	
किराया प्रति माह	

प्रॉपर्टी 2

पता	
मालिकों के नाम	
मालिकों की हिस्सेदारी	
कागज़ात की लोकेशन	
प्रॉपर्टी आइडेंटिफिकेशन नंबर	
प्रॉपर्टी का ब्यौरा	
म्यूटेशन डिटेल्स	
प्रॉपर्टी टैक्स डिटेल्स	
प्रॉपर्टी किराये पर है/खाली है/ खुद रहते हैं	
किरायेदारों का ब्यौरा	
नाम	
कॉन्टैक्ट डिटेल्स	
किराया प्रति माह	

प्रॉपर्टी 3

पता	
मालिकों के नाम	
मालिकों की हिस्सेदारी	
कागज़ात की लोकेशन	
प्रॉपर्टी आइडेंटिफिकेशन नंबर	
प्रॉपर्टी का ब्यौरा	
म्यूटेशन डिटेल्स	
प्रॉपर्टी टैक्स डिटेल्स	
प्रॉपर्टी किराये पर है/खाली है/ खुद रहते हैं	
किरायेदारों का ब्यौरा	
नाम	
कॉन्टैक्ट डिटेल्स	
किराया प्रति माह	

प्रॉपर्टी 4

पता	
मालिकों के नाम	
मालिकों की हिस्सेदारी	
कागज़ात की लोकेशन	
प्रॉपर्टी आइडेंटिफिकेशन नंबर	
प्रॉपर्टी का ब्यौरा	
म्यूटेशन डिटेल्स	
प्रॉपर्टी टैक्स डिटेल्स	
प्रॉपर्टी किराये पर है/खाली है/ खुद रहते हैं	
किरायेदारों का ब्यौरा	
नाम	
कॉन्टैक्ट डिटेल्स	
किराया प्रति माह	

7

आभूषण, वाहन और अन्य
(जैसे कलाकृतियां और संग्रहणीय वस्तुएं)

माना जाता है कि भारतीय घरों में 21,000 टन से ज़्यादा सोना है, जो हमें इस चमकदार धातु का दुनिया का सबसे बड़ा होल्डर बनाता है। ज़्यादातर भारतीय घरों में एक निश्चित मात्रा में गहने होते हैं – विरासत में मिले और खुद से बनाए गए दोनों। लेकिन अक्सर सोने और गहनों के दस्तावेज़ सही तरीके से नहीं बनाए जाते हैं। इसकी अहमियत तब बढ़ जाती है जब जायदाद को एक पीढ़ी से दूसरी पीढ़ी में ट्रांसफर करना होता है।

इसलिए, गहनों के दस्तावेज़ बनाना और किसी मान्यता प्राप्त वैल्युअर से वैल्युएशन सर्टिफिकेट हासिल करने से काफ़ी मदद मिलती है। इससे न केवल यह साफ़ होता है कि मालिकाना हक वाली चीज़ की कीमत क्या है, बल्कि चोरी के खिलाफ़ कीमती सामान का बीमा करने के लिए वैल्युअर की रिपोर्ट का महत्व बढ़ जाता है।

इन पन्नों को भरते समय, अपनी वसीयत को भी अपडेट करना न भूलें ताकि आप हर गहने के वारिस का संकेत दे सकें। इन एसेट्स की वैल्यू

लगातार बदलती रहेगी, इसलिए आपको समय-समय पर वैल्यू को अपडेट करने की ज़रूरत पड़ सकती है - अपनी समझ के लिए भी और बीमा की रकम को अपडेट करने के लिए भी।

गहनों के अलावा, औसत मध्यमवर्गीय भारतीय के पास कम से कम एक वाहन भी होता है। जब भी मैं उस इलाके में जाती हूं, जहां मैं पली-बढ़ी हूं, तो पार्किंग ढूंढ़ना मुश्किल होता है। 1970 के दशक में बनी ये कॉलोनियां कार वाले लोगों के लिए नहीं, बल्कि साइकिल और शायद दोपहिया वाहनों वाले लोगों के लिए बनाई गई थीं। हालांकि, अब सड़कें सभी लेन में डबल-पार्क की गई कारों से भरी हुई हैं, जिससे उनमें आसानी से गाड़ी चलाना नामुमकिन हो गया है। बढ़ती हुई समृद्धि के लिए हम यही कीमत चुकाते हैं!

एक वाहन मालिक के तौर पर, आपके लिए हर वाहन की बेसिक जानकारी का दस्तावेज़ बनाना ज़रूरी है। इनमें से ज़्यादातर जानकारी रजिस्ट्रेशन सर्टिफिकेट (आरसी) और आपकी इंश्योरेंस पॉलिसी में मिल जाएगी। मुझे याद है कि आरसी पर पते में बदलाव के लिए मैंने ऑनलाइन फॉर्म भरा था और मुझे बहुत जल्दी इन सभी सूचनाओं की ज़रूरत थी। मुझे याद है कि ये सभी जानकारी अपनी रिकॉर्ड बुक में रखने के लिए मैं कितनी शुक्रगुजार हूं जिसे मैंने इतने सालों तक बनाए रखा है। आपको उस शख्स या एजेंसी का ब्यौरा भी रिकॉर्ड करना होगा जिसे आप अपनी कार बेचते हैं। आप पन्नों के हाशिये पर FASTag का ब्यौरा भी दर्ज कर सकते हैं।

गहनों और गाड़ियों के अलावा, किसी घर में कुछ कलाकृतियां या कुछ पुराने कीमती सिक्के या अन्य संग्रहणीय वस्तुएं हो सकती हैं। कुछ लोग अपनी रेशमी साड़ियों को बहुत महत्व देते हैं। कुछ दूसरे लोग पेन के कलेक्शन को महत्व देते हैं। इन पन्नों में हर ऐसे एसेट का ब्यौरा, मूल्य और नॉमिनेशन लिखा जाना चाहिए। अगर आप मूल्यांकन करने में असमर्थ हैं, तो बस यह बता दें कि आपके निधन की स्थिति में वह संग्रहणीय वस्तु किसे दी जाएगी।

गहने

लोकेशन		
वैल्युएशन		
गहनों का ब्यौरा		
ब्यौरा		वज़न

नॉमिनी

नॉमिनी 1	
नाम, रिश्ता	
दिए जाने वाले गहनों का विवरण	
नॉमिनी 2	
नाम, रिश्ता	
दिए जाने वाले गहनों का विवरण	
नॉमिनी 3	
नाम, रिश्ता	
दिए जाने वाले गहनों का विवरण	
नॉमिनी 4	
नाम, रिश्ता	
दिए जाने वाले गहनों का विवरण	

वाहन 1

मालिक का नाम	
गाड़ी की कंपनी और मॉडल	
रजिस्ट्रेशन नंबर	
आरसी की लोकेशन	
रजिस्ट्रेशन की तारीख	
रजिस्ट्रेशन वैलिडिटी	
चेसिस नंबर	
इंजन मोटर नंबर	
खरीदार का ब्यौरा (अगर बेचा गया है)	

वाहन 2

मालिक का नाम	
गाड़ी की कंपनी और मॉडल	
रजिस्ट्रेशन नंबर	
आरसी की लोकेशन	
रजिस्ट्रेशन की तारीख	
रजिस्ट्रेशन वैलिडिटी	
चेसिस नंबर	
इंजन मोटर नंबर	
खरीदार का ब्यौरा (अगर बेचा गया है)	

वाहन 3

मालिक का नाम	
गाड़ी की कंपनी और मॉडल	
रजिस्ट्रेशन नंबर	
आरसी की लोकेशन	
रजिस्ट्रेशन की तारीख	
रजिस्ट्रेशन वैलिडिटी	
चेसिस नंबर	
इंजन मोटर नंबर	
खरीदार का ब्यौरा (अगर बेचा गया है)	

वाहन 4

मालिक का नाम	
गाड़ी की कंपनी और मॉडल	
रजिस्ट्रेशन नंबर	
आरसी की लोकेशन	
रजिस्ट्रेशन की तारीख	
रजिस्ट्रेशन वैलिडिटी	
चेसिस नंबर	
इंजन मोटर नंबर	
खरीदार का ब्यौरा (अगर बेचा गया है)	

अन्य

ब्यौरा	लोकेशन

ब्यौरा	लोकेशन

8

कर्ज़

ज़्यादातर लोग अपने जीवन के अलग-अलग समय में उधार लेने वाले और कर्ज़ देने वाले, दोनों, होते हैं। कर्ज़ (लोन्स) भविष्य की आय को बढ़ाने और किसी एसेट को खरीदने के लिए नकद जुटाने के बजाय उसे आज ही खरीदने में मदद करते हैं। पिछले कुछ वर्षों में लोन्स का इस्तेमाल काफ़ी बढ़ा है। दरअसल, 2023 में, रिटेल लोन्स में 18 प्रतिशत और पर्सनल लोन्स और क्रेडिट कार्ड खर्च में पिछले साल की तुलना में क्रमशः 22 प्रतिशत और 28 प्रतिशत की बढ़ोतरी हुई।

ज़्यादातर लोग अपने कर्ज़ की यात्रा की शुरुआत व्हीकल लोन के ज़रिए करते हैं और फिर होम लोन के ज़रिये घर में बड़ा निवेश करते हैं। लोने लेने वाले सभी लोगों के नाम और समान मासिक किस्तों (EMI) में उनके हिस्से को रिकॉर्ड करना न भूलें। यह तब काम आएगा जब आप अपना टैक्स रिटर्न दाखिल करेंगे क्योंकि होम लोन जैसे कुछ लोन्स में टैक्स बेनेफिट मिलते हैं।

हो सकता है कि आपके पास स्टूडेंट लोन हो या पर्सनल लोन या प्रॉपर्टी के बदले लोन हो – आपको इन्हें रिकॉर्ड करने के लिए 'अन्य लोन' के पेज का इस्तेमाल करना चाहिए। कुछ लोग लोन लेने के लिए मोबाइल ऐप

का इस्तेमाल करते हैं। लोन की रकम, चुकाई जाने वाली ब्याज दर, लोन की अवधि और चुकाई जाने वाली EMI को रिकॉर्ड करना एक अच्छा आइडिया है। क्लोज्ड लोन के लिए भी, टैक्स मकसद से, उनका ब्यौरा संभाल कर रखना बेहतर है। साथ ही, हर लोन को कवर करने के लिए एक प्योर टर्म लाइफ इंश्योरेंस पॉलिसी खरीदना याद रखें। कुछ लोग अपने क्रेडिट कार्ड या दोस्तों और परिवार से लोन लेते हैं।

आप पर कितना कर्ज़ है, यह जानने के लिए हर लोन का रिकॉर्ड रखें। जब आप सभी लोन, उनकी EMI और ब्याज दरें लिख लें, तो हर महीने चुकाई जाने वाली कुल EMI की जांच करें – आदर्श रूप से आपकी कुल EMI आपकी कुल आय का 30 प्रतिशत से ज़्यादा नहीं होनी चाहिए। साथ ही, जब आप उन सभी ब्याज दरों को लिख लें, जिनका आपको भुगतान करना है, तो सबसे पहले सबसे ज़्यादा ब्याज वाले लोन का भुगतान करना शुरू करें। आमतौर पर होम लोन सबसे कम लागत वाले लोन में से एक होता है, क्योंकि यह एक सिक्योर्ड लोन (प्रॉपर्टी की वैल्यू से सिक्योर्ड) होता है और साथ ही मूलधन और ब्याज दोनों पर टैक्स में छूट भी होती है। यह आखिरी लोन है, जिसे आपको चुकाना चाहिए – पहले ज़्यादा लागत वाले अन्य लोन को चुनें।

हो सकता है कि आप कर्ज़दार न हों, लेकिन कर्ज़दाता हों और आपने अपने परिवार के किसी सदस्य या दोस्त को पैसे उधार दिए हों। ये सबसे मुश्किल लोन होते हैं जिन्हें वापस पाना मुश्किल होता है, लेकिन यह ज़रूरी है कि आपने कितना उधार दिया है, इसका रिकॉर्ड रखें। ज़्यादातर मामलों में जब हम परिवार और दोस्तों को उधार देते हैं, तो हम ब्याज नहीं लेते हैं; अगर आप ऐसा करते हैं, तो दिए गए लोन के पन्नों में इसे दर्ज करें।

मुझे उम्मीद है कि जैसे-जैसे वक्त बीतता जाएगा, आप इन पन्नों को कभी नहीं पलटेंगे, क्योंकि आप कर्ज़दार और कर्ज़दाता, दोनों के तौर पर मुक्त हो जाएंगे।

होम लोन 1

कर्ज़दाता का नाम	
कर्ज़ लेने वालों के नाम	
लोन की रकम	
EMI की शुरुआत	
EMI की रकम	
ब्याज दर	
लोन खत्म होने की तारीख	

होम लोन 2

कर्ज़दाता का नाम	
कर्ज़ लेने वालों के नाम	
लोन की रकम	
EMI की शुरुआत	
EMI की रकम	
ब्याज दर	
लोन खत्म होने की तारीख	

व्हीकल लोन 1

कर्ज़दाता का नाम	
कर्ज़ लेने वालों के नाम	
लोन की रकम	
EMI की शुरुआत	
EMI की रकम	
ब्याज दर	
लोन खत्म होने की तारीख	

व्हीकल लोन 2

कर्ज़दाता का नाम	
कर्ज़ लेने वालों के नाम	
लोन की रकम	
EMI की शुरुआत	
EMI की रकम	
ब्याज दर	
लोन खत्म होने की तारीख	

अन्य लोन 1

कर्ज़दाता का नाम	
कर्ज़ लेने वालों के नाम	
लोन की रकम	
EMI की शुरुआत	
EMI की रकम	
ब्याज दर	
लोन खत्म होने की तारीख	

अन्य लोन 2

कर्ज़दाता का नाम	
कर्ज़ लेने वालों के नाम	
लोन की रकम	
EMI की शुरुआत	
EMI की रकम	
ब्याज दर	
लोन खत्म होने की तारीख	

अन्य लोन 3

कर्ज़दाता का नाम	
कर्ज़ लेने वालों के नाम	
लोन की रकम	
EMI की शुरुआत	
EMI की रकम	
ब्याज दर	
लोन खत्म होने की तारीख	

अन्य लोन 4

कर्ज़दाता का नाम	
कर्ज़ लेने वालों के नाम	
लोन की रकम	
EMI की शुरुआत	
EMI की रकम	
ब्याज दर	
लोन खत्म होने की तारीख	

दिए गए लोन 1

कर्ज़ लेने वाले का नाम	
कर्ज़ दी गई रकम	
कर्ज़ देने की तारीख	
कर्ज़ वापसी की तारीख	

दिए गए लोन 2

कर्ज़ लेने वाले का नाम	
कर्ज़ दी गई रकम	
कर्ज़ देने की तारीख	
कर्ज़ वापसी की तारीख	

दिए गए लोन 3

कर्ज़ लेने वाले का नाम	
कर्ज़ दी गई रकम	
कर्ज़ देने की तारीख	
कर्ज़ वापसी की तारीख	

9

टैक्स

सैलरीड लोगों के लिए ये सालाना एक्सरसाइज़, और गिग वर्कर और कंसल्टेंट के लिए तिमाही एक्सरसाइज़ हमें सबसे ज़्यादा सतर्क रखता है। जुर्माने या इससे भी बदतर के डर से ज़्यादातर लोगों के टैक्स से जुड़े कागज़ात व्यवस्थित रहते हैं। कुछ लोगों के पास फ़िज़िकल फ़ाइलें होती हैं, जबकि बाकी लोग कागज़ात को डिजिटल रूप से इकट्ठा करते हैं। तरीका चाहे जो भी हो, टैक्स से जुड़े कागज़ात में पहले से ही थोड़ी व्यवस्था होती है जो लोगों के दूसरे एसेट में शायद नहीं हो।

ये पन्ने आपके वित्तीय जीवन की तस्वीर को एक ही जगह पर टैक्स डिटेल्स के साथ पूरा करने के लिए हैं। मैं आपको टैक्स के लिए दो पन्ने दे रही हूं – एक आपके अपने इस्तेमाल के लिए और दूसरा परिवार के उस मेंबर के लिए जिसका टैक्स आप चुकाते हैं।

ज़्यादातर लोग कंप्यूटर पर पूरा रिकॉर्ड रखते हैं – आप इन पन्नों पर फ़ाइल का नाम और कंप्यूटर पर उस फ़ाइल की लोकेशन भी लिख सकते हैं। याद रखें कि आप इसे ऐसे वक्त के लिए बना रहे हैं जब आप किसी को यह बताने के लिए मौजूद नहीं होंगे कि आपके कंप्यूटर में उन्हें कहां तलाश करना है।

करदाता (टैक्सपेयर) 1

करदाता का नाम	
पैन नंबर	
जीएसटी नंबर	
सीए का नाम	
सीए के कॉन्टैक्ट डिटेल्स	
ऑनलाइन टैक्स पोर्टल के लिए यूज़रनेम	
पासवर्ड	
टैक्स से जुड़े कागज़ातों की लोकेशन	
टैक्स से जुड़े ऑनलाइन फ़ाइलों की डिटेल्स	

करदाता (टैक्सपेयर) 2

करदाता का नाम	
पैन नंबर	
जीएसटी नंबर	
सीए का नाम	
सीए के कॉन्टैक्ट डिटेल्स	
ऑनलाइन टैक्स पोर्टल के लिए यूज़रनेम	
पासवर्ड	
टैक्स से जुड़े कागज़ातों की लोकेशन	
टैक्स से जुड़े ऑनलाइन फ़ाइलों की डिटेल्स	

10

वसीयत

अपनी वसीयत लिखने के लिए कोई सही उम्र नहीं होती। मुझे याद है कि मैंने अपनी वसीयत उम्र के तीसरे दशक में बनाई थी, इसे अपने नाबालिग बच्चे के बालिग होने पर अपडेट किया और फिर सही नेटवर्थ को दर्शाने के लिए समय-समय पर एसेट लिस्ट में बदलाव किए।

वसीयत एक महत्वपूर्ण दस्तावेज़ है जो न केवल आपकी इच्छाओं को साफ़-साफ़ बताता है कि आपकी जायदाद को कैसे बांटा जाना चाहिए, बल्कि आपको इस चीज़ के लिए भी मजबूर करता है कि आप अपने एसेट्स को कंसोलिडेट करने के लिए काम करें।

ऐसा करने वाले ज़्यादातर लोगों के लिए, यह उनकी वित्तीय यात्रा का वो सच्चा लम्हा होता है जब वे अपनी जायदाद से, और अपने और अपने बच्चों के भविष्य निर्माण के लिए बचे हुए काम से रूबरू होते हैं।

अब तक आपने अपने एसेट्स रिकॉर्ड करने में जो मेहनत की है, वो अब काम आएगी। वसीयत करने से पहले आपको यह जानना होगा कि आपके पास क्या है।

जब आप अगले कुछ पन्नों पर दिए गए वसीयत टेम्पलेट का इस्तेमाल करेंगे, तो प्रक्रिया शुरू करने से पहले आपको कुछ बातों का ध्यान रखना होगा:

- अपने और अपने जीवनसाथी के लिए अलग-अलग वसीयत बनाएं।
- स्टांप पेपर की कोई कानूनी ज़रूरत नहीं है – कोई भी कागज़ चलेगा।
- वसीयत को पंजीकृत करवाने की कोई कानूनी ज़रूरत नहीं है, हालांकि ऐसा करना अच्छा रहता है, खासकर अगर परिवार में कोई विवाद है (या होने की संभावना है)।
- वसीयत के लिए एक एक्ज़ेक्यूटर (जो वसीयत पर अमल कराता है) की ज़रूरत होती है – किसी ऐसे को चुनें जो उम्र में आपसे छोटा हो और परिवार का कोई रिश्तेदार या मित्र हो। ऐसा शख्स एक्ज़ेक्यूटर नहीं होना चाहिए, जिसे वसीयत से फायदा मिलना हो।
- वसीयत पर दस्तखत के लिए आपको दो गवाहों की ज़रूरत होती है। उन्हें वसीयत के कॉन्टेंट्स बताना ज़रूरी नहीं है। आपको गवाहों के नाम, जन्म की तारीख, पता, फ़ोन नंबर, ईमेल और पैन और आधार नंबर दर्ज़ करने होंगे। ऐसा शख्स गवाह नहीं होना चाहिए, जिसे वसीयत से फायदा मिलना हो।
- आपको हर पन्ने पर संक्षिप्त हस्ताक्षर करने होंगे और फिर अंतिम पन्ने पर पूरे हस्ताक्षर करने होंगे, और गवाहों को भी ऐसा ही करना होगा।

एक छोटी सी चेतावनी: वसीयत के बावजूद, ज़्यादातर वारिसों को जायदाद पाने के लिए वकीलों के चक्कर और कागज़ी कार्रवाई में उलझना होगा। लेकिन वसीयत होने से जायदाद का ट्रांसफर आसान हो जाता है, खासकर तब जब परिवार में विवाद हो।

_________ (पूरा नाम) की अंतिम वसीयत और वसीयतनामा

मैं, ____________________ (पूरा नाम), ____________________ (पत्नी/पति का नाम) का/की पति/पत्नी, ____________________ (माता-पिता का नाम) की/का बेटी/बेटा, जन्म तिथि ______________ (जन्म की तारीख), (शहर, देश) में जन्मा ____________________, ____ (पता), भारत, का निवासी पहले की अपनी सभी वसीयत, कॉडिसिल और वसीयतनामा रद्द करता हूं। मैं इसे अपनी अंतिम वसीयत और वसीयतनामा घोषित करता हूं।

मैं शरीर और दिमाग दोनों से स्वस्थ हूं। यह वसीयत मैंने अपने स्वतंत्र निर्णय और स्वतंत्र इच्छा से बनाई है। मुझे किसी भी तरह से प्रभावित किया, बहलाया या मजबूर नहीं किया गया है।

मेरे पति/मेरी पत्नी का नाम ___________________________ (पूरा नाम) है, जो _________________________ (जन्म की तारीख) को, _________________________ (शहर, देश) में जन्मे/जन्मी हैं।

उनका ________________________________ (आधार/पैन/कोई पहचान पत्र) नंबर है।

हमारी ____________________ (नंबर) संतान हैं, जिनके नाम हैं :

पहली संतान श्री/श्रीमती (पूरा नाम), का जन्म (जन्म की तारीख) शहर, देश में हुआ।

____

दूसरी संतान श्री/श्रीमती (पूरा नाम), का जन्म (जन्म की तारीख) शहर, देश में हुआ।

____

तीसरी संतान श्री/श्रीमती (पूरा नाम), का जन्म (जन्म की तारीख) शहर, देश में हुआ।

____

चौथी संतान श्री/श्रीमती (पूरा नाम), का जन्म (जन्म की तारीख) शहर, देश में हुआ।

____

मेरे पास नीचे दी गई अचल एवं चल संपत्तियां हैं।

शेड्यूल ए: अचल संपत्ति

प्रॉपर्टी का पता	विवरण	साइज़
1.	x/y का हिस्सा	
2.	x/y का हिस्सा	
3.	x/y का हिस्सा	
4.	x/y का हिस्सा	
5.	x/y का हिस्सा	

शेड्यूल बी: चल संपत्ति

संपत्ति का नाम	विवरण	डिटेल्स
बैंक अकाउंट्स		
लॉकर्स		
फाइनेंशियल एसेट		
सोना, गहने और कार		

शेड्यूल ए और बी के लिए शीट साथ लगाने की सलाह दी जाती है।

मेरा पैन नंबर है:

मेरा आधार नंबर है:

मैं श्री/सुश्री ________________ (नाम), ________________ (नाम) के बेटे/बेटी, जिनका निवास स्थान ____________________________ ______________________ (पता, फ़ोन, ईमेल) है, को इस वसीयत का एक्ज़ेक्यूटर नियुक्त करता हूं। उनका आधार नंबर ________________ है। श्री/सुश्री ________________ (नाम) की मौत होने की स्थिति में, श्री/सुश्री ________________ (नाम), ________________ (नाम) के बेटे/बेटी, जिनका निवास स्थान ____________________________ ______________________ (पता, फ़ोन, ईमेल) है, इस वसीयत के एक्ज़ेक्यूटर होंगे। उनका आधार नंबर ________________ है।

मेरे स्वामित्व वाली सभी संपत्तियां स्व-अर्जित संपत्तियां और परिसंपत्तियां हैं। इन संपत्ति या जायदाद पर किसी और का कोई अधिकार, हक, हित, दावा या मांग नहीं है। इन संपत्तियों या उनकी जगह पर लाई जाने वाली किसी भी अन्य संपत्ति, जो मैं बाद में खरीद या हासिल कर सकता हूं, पर मेरा और सिर्फ मेरा पूरा अधिकार है।

मैं अपनी पूरी जायदाद, चाहे चल हो या अचल, जो भी हो और जहां भी हो, अगर मेरी मौत पहले होती है तो, अपने जीवनसाथी, यानी ______________________ (नाम), के नाम करता हूं। और, बाद में, उनकी मौत होने की स्थिति में, मेरी संतानों ______________________ ______________________ (सभी नाम) मेरी पूरी जायदाद के, बराबर*

* या जिस भी अनुपात में आप देना चाहते हैं; आप अलग-अलग लोगों के लिए अलग-अलग संपत्ति भी तय कर सकते हैं।

अनुपात में, इकलौते वारिस हैं। अगर हम, मैं और मेरे जीवनसाथी दोनों, जीवित नहीं हैं, तब मैं अपनी पूरी जायदाद, चाहे चल हो या अचल, बराबर[†] अनुपात में अपनी संतानों ______________ (सभी नाम) के नाम करता हूं। अगर किसी संतान या सभी संतानों की मौत हमसे पहले होती है, तो उनके हिस्से की जायदाद उनके जीवित बच्चों को बराबर[‡] अनुपात में बांटी जाएगी। ऊपर बताए गए सभी लोगों की अनुपस्थिति में, जायदाद ____________________[§] के पास चली जाएगी।

इसके साक्ष्य में मैंने इस ______________________ (तारीख) को यहां ______________________ (शहर) में हस्ताक्षर किए हैं।

वसीयतकर्ता के हस्ताक्षर

उपरोक्त नामित वसीयतकर्ता ने हमारी उपस्थिति में अपनी अंतिम वसीयत के रूप में हस्ताक्षर किए, जिन्होंने हम दोनों की उपस्थिति में इसकी विषय-वस्तु को पूर्णतः समझ लिया है तथा अनुमोदित कर दिया है, साथ ही हमने उनकी उपस्थिति में, तथा एक-दूसरे की उपस्थिति में, गवाहों के रूप में अपने नाम इसमें लिखे हैं।

---

† या जो भी आप देना चाहते हैं।

‡ या जो अनुपात आप बताते हैं।

§ तय करें कि आप इसे कहां या किसे देना चाहते हैं।

गवाह

1. नामः ______________________________

तारीखः ______________________________

स्थानः ______________________________

पैनः ______________________________

आधारः ______________________________

संपर्क विवरणः ______________________________

हस्ताक्षरः ______________________________

2. नामः ______________________________

तारीखः ______________________________

स्थानः ______________________________

पैनः ______________________________

आधारः ______________________________

संपर्क विवरणः ______________________________

हस्ताक्षरः ______________________________

लेखिका की टिप्पणी

मुझे पता है कि यह काम मुश्किल था! लेकिन ये सारे डिटेल्स लिखने के बाद आपको कैसा महसूस हो रहा है? मैं आपको बताना चाहती हूं कि एक बार जब मैंने ये काम पूरा कर लिया, तो मुझे वाकई में सशक्त महसूस हुआ। न केवल परिवार को उपहार के रूप में, बल्कि सिर्फ अपने इस्तेमाल के लिए, हर बार ज़रूरत पड़ने वाली सभी जानकारियों को अपने पास रखना अपनी कार्यक्षमता को बढ़ाने वाली मेहनत है। दूसरी चीज़ जिस पर तुरंत नज़र जाती है, वो है एसेट्स को समेटा जाना। ज़्यादातर घरों में ऐसी स्थिति होती है, जिसे मैं एसेट ब्लीड (संपत्तियों का बिखरा होना) कहती हूं। बिना किसी प्लानिंग के जायदाद बनाए जाते हैं और उनके कागज़ात इधर-उधर बिखरे होते हैं। ये एक्सरसाइज़ वाकई में फाइनेंशियल प्लान बनाने के लिए एक अच्छा शुरुआती कदम है।

जब आप अपनी ज़िंदगी को अलग-अलग वित्तीय और गैर-वित्तीय रिश्तों के अनुसार समेटने के लिए बैठते हैं, तभी आपको एहसास होता है कि हमारा आधुनिक जीवन कितना जटिल है। इतने सारे डिटेल्स, इतने सारे कागज़ात, इतने सारे रिश्ते, इतने सारे यूज़रनेम और पासवर्ड – यह सब कुछ संभाल कर रखना करीब-करीब एक फुल-टाइम जॉब है। मुझे

लगता है कि मेरी सभी ऑर्गनाइज़िंग स्किल्स के बाद भी, कई बार ऐसा होता है कि मुझे चीज़ें काबू से बाहर महसूस होती हैं – ड्राइविंग लाइसेंस अपडेटेड नहीं है, बदला हुआ पता दिख नहीं रहा है – ये लिस्ट कभी खत्म नहीं होती।

मैंने पाया है कि कागज़ी कार्रवाई का व्यवस्थित होना और कंप्यूटर पर फ़ाइलों को स्टोर करने के तरीके में व्यवस्थित होना बेहतर ज़िंदगी की बुनियाद है। आपको अपने आधार की सॉफ्ट कॉपी किसी एजेंसी को भेजने में कितना समय लगना चाहिए? 20 सेकंड से ज़्यादा नहीं। आपको अपनी दसवीं क्लास की मार्कशीट ढूंढ़ने में कितना समय लगना चाहिए? दो मिनट से ज़्यादा नहीं। दस साल पहले दाखिल किए गए अपने टैक्स रिटर्न को खोजने में कितना समय लगना चाहिए? दो मिनट से ज़्यादा नहीं। अपनी ज़िंदगी के इस हिस्से को आप जितना ज़्यादा व्यवस्थित बनाएंगे; उतना ही ज़्यादा वक्त आपके पास उन चीज़ों को करने के लिए होगा जो आपको वाकई पसंद हैं।

मैंने जितना मुमकिन हो सका, ज़्यादा से ज़्यादा डिटेल्स के बारे में सोचने की कोशिश की है, लेकिन मुझे यकीन है कि ऐसी बहुत सी चीज़ें होंगी जो मुझसे छूट गई होंगी। दरअसल, जब भी मैंने इस किताब के लिखे जाने के दौरान इस पर चर्चा की, तो मुझे डिटेल्स जोड़ने के लिए बहुत बढ़िया आइडियाज़ मिले। कृपया किताब के अगले संस्करण के लिए अपने सुझावों के साथ मुझे mailme@monikahalan.com पर संपर्क करें।

श्रीमाता के एक उद्धरण के साथ किताब को खत्म करती हूं: ‘अपने आस-पास व्यवस्था स्थापित करने से अपने भीतर व्यवस्था शुरू करने में मदद मिलती है।’

आभार

मुझे मृत्यु के बारे में निडरता और ईमानदारी से बात करने का साहस देने के लिए श्रीमाता (मीरा अल्फासा) और श्री अरबिंदो को धन्यवाद।

हार्पर कॉलिन्स इंडिया के सीईओ अनंत पद्मनाभन को धन्यवाद, जिनकी प्रेरणा से हमारे जीवन को बनाने वाले सभी महत्वपूर्ण विवरणों के साथ एक किताब का आइडिया आया। यह किताब इस बात का सबूत है कि एक साधारण सी बातचीत बहुत जल्दी किसी किताब में बदल सकती है!

एसोसिएट पब्लिशर सचिन शर्मा को उन आइडियाज़ के लिए धन्यवाद, जिन्होंने किताब का काम आगे बढ़ाया और पर्दे के पीछे की सारी मेहनत की। कवर टाइटल और डिज़ाइन पर लंबी चर्चा बेहद सार्थक रही। किताब की प्रस्तावना और बैक कवर पर सुझावों के लिए धन्यवाद, जिन्होंने इस किताब की अहमियत बढ़ा दी है।

संपादन और सुझावों के लिए श्रेया लाल का धन्यवाद। हार्पर कॉलिन्स इंडिया के टाइपसेटर मुकुल चंद का बहुत-बहुत आभार, जिन्होंने एक मुश्किल सोच को हकीकत में बदल दिया। मैं कवर डिज़ाइन के लिए सौरव दास का धन्यवाद करना चाहूंगी। मुझे नीला-सुनहरा रंग बहुत पसंद आया। किताब के सहज और प्रभावी हिंदी अनुवाद के लिए धीरज

अग्रवाल का आभार, जिन्होंने विचारों और भाषा के प्रवाह को ख़ूबसूरती से थामे रखा है।

मेरे पहले बॉस आर. जगन्नाथन का आभार, जो मेरे गुरु और मार्गदर्शक बने हुए हैं। पांडुलिपि पढ़ने के लिए समय निकालने और इस किताब में बेहद उपयोगी सुझाव जोड़ने के लिए आपका धन्यवाद। मुझे पता है कि आप चाहते हैं कि मैं एस्टेट प्लानिंग पर एक बड़ी किताब लिखूं। यह काम अभी चल रहा है। इस दौरान, मुझे उम्मीद है कि यह किताब लोगों के काम आएगी।

लेट्स टॉक मनी के पाठक कर्नल संजीव द्विवेदी का आभार, जिन्होंने उन चीज़ों की एक लिस्ट बनाकर काम को आगे बढ़ाया, जिन चीज़ों का ध्यान परिवार के लोगों को रखना चाहिए। अपना काम मेरे साथ साझा करने के लिए आपका धन्यवाद और मुझे निश्चित रूप से इससे फायदा हुआ है।

मेरे उन दोस्तों का धन्यवाद, जिन्हें इस तरह की किताब का आइडिया पसंद आया और जिन्होंने किताब को बेहतर बनाने के लिए सोच-समझकर सुझाव दिए। मुझे गायत्री जयरामन, दीप्ति भास्करन, कैज़ाद ई. अदजानिया और विविना विश्वनाथन का नाम ज़रूर लेना चाहिए, जिन्होंने इस किताब के लिए उदारता के साथ अपने आइडियाज़ दिए। जब मैंने इन लोगों से अपनी किताब पर चर्चा की, तो मुझे जो सलाह दी गई, उसके लिए मैं आभारी हूं।

मेरी बेटी मीरा चिकरमाने, ब्रेन साइंटिस्ट का आभार, जो हमेशा मुझे प्रोत्साहित करती रहती है – आप यह कर सकती हैं मां!

मेरे पति गौतम चिकरमाने, जो मेरे साथ बैठकर किताब की एडिटिंग इतनी सख्ती और मेहनत से करते हैं कि मैं केवल उनकी टीम के बारे में सहानुभूति के साथ सोच सकती हूं, जो उसी प्रोसेस से गुज़रते होंगे।

आभार

प्रिय पाठक, मेरे काम को पसंद करने के लिए आपका धन्यवाद। पढ़ने के लिए धन्यवाद। अब इन्हें मन में उतारें और अमल में लाएं!

अंत में, श्री अरबिंदो का एक उद्धरण:

> मृत्यु पदार्थ की नश्वर अवस्था है जिसमें मन और जीवन शामिल हैं; अमरत्व अनंत अस्तित्व, चेतना और आनंद की अवस्था है।
>
> —*द सीक्रेट ऑफ़ द वेद, पृष्ठ 45*

लेखिका का परिचय

मोनिका हालन का करियर मीडिया, पब्लिक पॉलिसी और फाइनेंशियल एजुकेशन तक फैला हुआ है। वह धन चक्र फाइनेंशियल एजुकेशन की संस्थापक और बेस्टसेलिंग किताब *लेट्स टॉक मनी* (हार्पर कॉलिन्स, 2018) और *लेट्स टॉक म्यूचुअल फंड्स* (हार्पर कॉलिन्स, 2023) की लेखिका हैं। उनके पास पब्लिक पॉलिसी का अनुभव है और उन्होंने भारत सरकार और सेबी की कई हाई-प्रोफाइल समितियों में काम किया है। उन्होंने *मिंट, द इकोनॉमिक टाइम्स* और *द इंडियन एक्सप्रेस* समेत भारत के कई मीडिया संस्थानों में काम किया है और वो *आउटलुक मनी* की संपादक भी रही हैं। उन्होंने *एनडीटीवी*, ज़ी और *ब्लूमबर्ग इंडिया* पर पर्सनल फाइनेंस से संबंधित चार सफल टीवी सीरीज़ चलाई हैं।

उन्होंने डेल्ही स्कूल ऑफ इकोनॉमिक्स से इकोनॉमिक्स में एमए और यूनिवर्सिटी ऑफ वेल्स से जर्नलिज़्म स्टडीज़ में एमए किया है। मोनिका हालन येल वर्ल्ड फेलो (2011) हैं और नई दिल्ली में रहती हैं।

आप उनसे mailme@monikahalan.com पर संपर्क कर सकते हैं।

अनुवादक का परिचय

धीरज कुमार अग्रवाल मीडिया प्रोफेशनल हैं और मुंबई में रहते हैं। पत्रकारिता और संचार में उनका 19 वर्षों से अधिक का अनुभव है। साथ ही साहित्य सृजन से सक्रिय रूप से जुड़े हैं। वे करीब दो दर्जन अंग्रेज़ी किताबों का हिंदी में अनुवाद कर चुके हैं। इनकी लिखी कविताओं का एक संग्रह 'शाम अभी बाकी है' के नाम से ई-बुक के रूप में प्रकाशित हो चुका है। इसके अतिरिक्त पर्सनल फाइनेंस, बिज़नेस और इकोनॉमी से जुड़े मुद्दों में गहरी पकड़ है और कई वेबसाइटों के लिए नियमित लेखन करते रहे हैं।